L'EVEREST,
LE CANCER, LA VIE

Gérard Bourrat

L'EVEREST, LE CANCER, LA VIE

COLLECTION **DOCUMENTS**

cherche
midi

Il a été tiré à part
quinze exemplaires numérotés de cet ouvrage.

Coordination éditoriale : Tania Capron

Cahier photos : photographies collections personnelles
Pierre Petit et Gérard Bourrat.

23, rue du Cherche-Midi
75006 Paris
Vous pouvez consulter notre catalogue général
et l'annonce de nos prochaines parutions sur notre site :
www.cherche-midi.com

Je dédie ce livre à tous ceux
qui sont à la recherche de force,
d'espoir, de foi, de vie...

À ma femme,
à mes enfants,
à mes petits-enfants,
à ma famille,
à mes amis.

Toujours plus loin, toujours plus fort,
toujours plus haut.

Prologue

Tenter l'Everest à 62 ans, trois semaines après avoir été opéré d'un cancer du rein, courir le marathon des Sables six mois après avoir été amputé des doigts et des orteils, se mesurer à la diagonale des Fous quatre semaines après l'ablation d'une métastase au poumon, puis repartir à l'assaut du toit du monde après une chimiothérapie et une nouvelle intervention chirurgicale, est-ce bien raisonnable ? Les pessimistes de tout poil, les fatalistes, enfin tous ceux pour qui la nature humaine est par essence limitée, répondront non, évidemment. À leurs yeux, ces exploits ne seront sans doute que folie suicidaire ; ou le signe d'une fuite en avant.

En revanche, ceux qui pensent que les limites ne valent que pour être repoussées, que le cancer, la maladie ne sont pas une fin en soi, comprendront d'emblée que ces exploits sont avant tout l'expression d'une formidable envie de vivre. Quels que soient les événements douloureux qui peuvent l'affecter, la vie ne demande qu'à être vécue pleinement, malgré tout, envers et contre tout, et plus que jamais.

Ce livre n'est pas un simple récit d'aventures, ni une autobiographie. Je n'écris pas pour susciter l'admiration, j'écris pour partager une expérience, une éthique de vie, une voie possible vers le bien-vivre, la plénitude. Je suis un homme de défis, j'aime les challenges, la réussite aussi bien que les efforts qui y mènent pas à pas, étape après étape, mais je ne suis pas un héros. Tous les objectifs que je me suis fixés en un peu plus de soixante ans d'existence m'ont permis de capitaliser une expérience, de roder une mécanique de la réussite, mais aussi son pendant, bien entendu, la gestion de l'échec toujours possible. Ma façon d'avancer a des faiblesses, des failles dont je n'ai peut-être pas conscience et que vous, vous percevrez. Là n'est pas l'important, ce qui sera à retenir au bout du compte est que rien n'est impossible à partir du moment où vous choisissez de mener vos projets jusqu'au bout avec ferveur, ténacité, persévérance. Ne vous y trompez pas, je ne suis pas un ascète, je marche au plaisir, je carbure au bonheur plein et entier de pouvoir me donner la possibilité chaque jour de profiter de la vie. Si je vous invite à vivre avec moi les aventures Everest le temps de ce livre, c'est pour vous encourager à réaliser vos objectifs, vivre vos rêves, quelle que soit la situation dans laquelle vous vous trouvez aujourd'hui.

Je suis un homme heureux et j'ai le cancer. Je n'ai pas écrit : je suis un homme heureux mais j'ai le cancer, ni : j'ai le cancer mais je suis un homme heureux. Je suis un homme heureux et j'ai le cancer. Il n'y a pas de « mais », les deux faits coexistent. Je ne suis pas dans le déni, je ne me voile pas la face, je n'ignore pas que je peux mourir de ce cancer. En attendant, savoir que la mort est peut-être au bout ne m'empêche pas de vivre chaque heure de chaque jour. Le cancer n'a pas signifié l'arrêt de ma vie, l'abandon de mes rêves ou de mes objectifs, il est simplement devenu un paramètre à gérer, pas plus, pas moins que tous les autres paramètres. Comment faire en sorte que cette maladie devienne transparente pour vous et votre entourage, presque insignifiante au regard du trajet que vous désirez accomplir ? C'est à cette question que je veux tenter de répondre dans ce livre. Je ne propose pas de méthode de guérison. Jamais je ne vous dirai comment faire pour guérir, que telle ou telle chose vous permettra de vaincre le cancer. Comment le pourrais-je, moi qui suis toujours en traitement ? Je ne suis pas médecin, je ne suis pas psychologue non plus, je n'ai rien à vendre. J'ai juste envie de vous convaincre que le cancer ne vous sort pas de votre vie, qu'il ne doit pas vous mettre en marge de la société, qu'il vous est possible de le gérer au point de le réduire à n'être qu'un fait. J'aimerais vous aider à dépasser cette maladie au quotidien, à en supporter les traitements sans perdre, ne serait-ce qu'une seule seconde, le goût des choses. Si mes Everest vous aident à vaincre une épreuve de votre vie, alors j'aurais gagné le pari de ce livre.

Refuser le statut du malade et sa passivité inhérente, croire en soi, réagir, agir : le message tient en peu de mots. Une fois debout, en mouvement, il s'agit finalement d'arriver à ne plus parler de son cancer mais de ce que l'on est en train de réaliser. Se fixer un rêve, un objectif, et se concentrer sur sa réalisation, c'est assurément déjà passer à autre chose. Celui qui vit pleinement oublie de souffrir.

Je ne vous engage pas à escalader l'Everest, à courir des jours sous un soleil de plomb, à marcher des milliers de kilomètres, je vous invite simplement à trouver votre propre Everest. Je sais bien que j'ai, pour ma part, un goût certain pour les extrêmes. Il n'en reste pas moins que tout, grands exploits ou petites victoires du quotidien, relève de la simple volonté. Comme moi, vous avez su franchir tout un lot d'obstacles dans votre vie, cette fois il s'agit juste de vous fixer volontairement un nouveau challenge, plus beau, plus attirant que les autres. Tous les objectifs se valent, escalader le mont Blanc n'a pas plus de valeur que d'atteindre le sommet de la côte en face de chez vous. La valeur d'un exploit, d'un défi se juge au regard des efforts fournis par chacun pour atteindre l'objectif fixé et du plaisir qu'il en a retiré. La stratégie que j'ai élaborée au fil des années peut vous aider, que le but à atteindre soit en apparence modeste ou démesuré. Avoir foi en soi, en ses possibilités, c'est déjà réussir à 70 %. Il ne vous reste plus que 30 % à travailler.

Pour bien vivre son cancer, pour endurer les traitements contraignants, et souvent longs, avec le sourire, pour faire carrière, pour réaliser un exploit sportif, le chemin est le même : un objectif, le plaisir de l'effort, la persévérance et la foi. J'ai choisi mes Everest, choisissez les vôtres.

PREMIÈRE PARTIE

VERS L'EVEREST

Il y a toujours une solution,
avance.

1

La théorie du mur...

Le cancer ne fut rien au regard
de ce que j'avais à vivre.

Février-mars 2006

L'Everest était mon Graal, ce vers quoi tendaient tous mes efforts, toutes mes pensées depuis quatre ans. Y penser me rendait heureux depuis de longs mois et atteindre son sommet allait être l'apogée du rêve que je poursuivais. On ne part pas à l'assaut du toit du monde comme on part en randonnée le dimanche. J'avais donc consacré les quatre dernières années à me préparer minutieusement, tant sur le plan physique et matériel que sur le plan mental. Une condition physique aussi proche que possible de la perfection et un mental d'acier, ces deux paramètres indispensables étaient au rendez-vous. J'étais prêt et, dans ma tête, à quelques semaines de mon départ pour Katmandou, je campais déjà au pied de l'Everest. À 62 ans, je mordais à pleines dents dans une des plus belles parts de ma vie.

Parce que l'ascension de l'Everest est un grand événement, j'avais choisi de réunir toute ma famille à Gstaad pour un au revoir un peu solennel et surtout très convivial. Je voulais mes proches heureux pour moi et tout à fait rassurés sur mon retour. Mes enfants, ma femme n'ignoraient pas que certains alpinistes reposaient pour l'éternité sur les pentes de l'Everest et il était important que je leur communique cette foi inaliénable que j'avais en ma réussite. À ce stade de l'aventure, je ne pensais pas une seule seconde, bien sûr, que quoi que ce soit puisse venir s'interposer entre mon objectif et moi. Nous devions vivre cette semaine de vacances familiales dans le calme et la joie. Il n'en fut rien. Des douleurs violentes au rein droit vinrent contrecarrer ce programme de réjouissances. Je ne pouvais nier la souffrance, pas plus que je ne pouvais la négliger. À trois semaines de mon départ pour l'Everest, prévu pour le 30 mars 2006, il me fallait agir très rapidement.

L'idée même du cancer ne me vint pas une seule fois à l'esprit. On a beau savoir que le cancer peut frapper n'importe qui n'importe quand, on a tout de même tendance à croire que cette maladie s'attaque aux autres et non à soi. J'avais une condition physique optimale, une hygiène de vie irréprochable, je ne buvais pas, je ne fumais pas. Je n'avais donc aucune conduite à risque. J'avais bien grillé quelques cigarettes dans ma jeunesse, mais il y avait si longtemps... Quand les douleurs m'ont pris de cours, j'ai donc pensé immédiatement à des calculs rénaux, douloureux mais faciles et rapides à soigner. Après avoir vu un médecin à Gstaad, je suis rentré à Cannes pour consulter mon généraliste, le docteur Éric Atlani. Pour ne rien laisser au hasard, il m'a recommandé une IRM. C'est curieux, une seule seconde suffit à faire basculer une vie pour peu que vous ayez tendance à vous laisser porter par les événements. Une tumeur de 7 centimètres au rein droit, un cancer donc. Personne ne reste insensible face à une telle nouvelle. Consternation, abattement, incompréhension, ces mots sont un piètre écho de ce que l'on peut ressentir à l'énoncé du verdict. En un centième de seconde, tout s'écroule. Vous voilà seul face au cancer. Vous pouvez vous laisser aller au découragement, à l'angoisse, ou réagir immédiatement.

Depuis quatre ans, je m'entraînais de façon intensive, je m'étais imposé toute une batterie de tests médicaux pour ne rien laisser au hasard, je ne ressentais aucune fatigue. Comment aurais-je pu, dans ces conditions, me considérer, ne serait-ce qu'une seule seconde, comme malade ? Pourtant, la tumeur était bien là, sans doute possible...

Allait-elle m'obliger à abandonner mes projets, à ajourner la réalisation de mon rêve ? Pouvais-je accepter l'idée même de l'abandon à trois semaines du départ ? Non. La réponse, pour moi, fut claire et immédiate. Il devait y avoir une alternative. Quelle que soit l'épreuve, la crise à affronter, il existe une solution, quitte à devoir l'inventer. Il est peut-être plus facile de se laisser glisser, de s'abandonner aux événements que la nature vous impose, plus facile mais plus dangereux à mon sens. Glisser, c'est perdre le contrôle, c'est abdiquer, n'avoir plus prise sur la vie.

La première chose à faire était donc de voir les choses de la façon la plus positive possible. Le noir absolu n'est pas de ce monde. Je ne devais pas attendre passivement que l'on me soigne, je pouvais être l'acteur principal de cette guérison pour peu que je le veuille vraiment. Dès la première seconde, j'ai su que je n'accepterais jamais de renoncer à l'ascension de l'Everest. J'allais partir quoi qu'il puisse se passer. Cette simple conviction m'a permis de très bien dormir la nuit du verdict, ce n'était déjà pas si mal. L'anticipation crée le stress, il fallait donc vivre les choses au jour le jour. Je n'avais pas encore abandonné l'Everest, j'étais en pleine forme, je n'avais qu'une tumeur au rein droit et trois semaines pour résoudre le problème. J'avais beaucoup de chance en réalité, un cancer du rein se traite chirurgicalement, donc très rapidement. Il suffisait d'enlever cette tumeur et probablement le rein atteint. En somme, je n'avais qu'un problème de temps à gérer. Nous étions le 12 mars, mon avion décollait le 30 mars pour Katmandou.

Le premier rendez-vous avec le chirurgien fut sans doute le plus difficile pour moi. Je pouvais être opéré immédiatement, mais je devais, selon lui, m'astreindre à deux mois de récupération postopératoire. Deux mois de convalescence ! Ce délai signait la fin de l'aventure Everest pour l'année 2006. On ne peut, en effet, espérer atteindre le sommet qu'entre la mi-mai et la mi-juin et il ne faut pas moins de quatre à huit semaines d'acclimatation à la haute altitude avant l'assaut final. Dès lors, quelles étaient mes options ? Annuler purement et simplement ce projet ou, au mieux, l'ajourner à l'année 2007. Je ne pouvais accepter aucune de ces alternatives. Oublier l'Everest m'était impossible et ajourner ce rêve à l'âge de 62 ans était un risque que je n'étais pas prêt à prendre. J'étais dans la position du patient, logiquement je devais me plier aux décisions des médecins. Clairement, c'est ce que l'on attend du malade. Le médecin sait, donc on lui obéit. Je ne reproche rien aux médecins, loin de là, je respecte infiniment leur savoir et leur dévouement, mais était-il absolument nécessaire que j'accepte tout en bloc, sans faire jouer mon libre arbitre à un moment ou un autre du processus thérapeutique ? Comment pouvais-je faire soigner ce cancer sans renoncer ?

Pour ne prendre aucune décision hasardeuse, j'ai beaucoup discuté avec mon généraliste et j'ai mené parallèlement quelques recherches de mon côté. Je pouvais ajourner l'opération, partir sur l'Everest avec cette tumeur. Quels étaient les risques dans ce cas ? Personne ne sait comment peut réagir une tumeur cancéreuse primitive à plus de 8000 mètres d'altitude. Je risquais l'hémorragie dans un milieu où aucun soin d'urgence ne pourrait m'être prodigué. Personne ne peut redescendre un alpiniste en mauvaise situation de la zone de la mort comprise entre 7000 et 8850 mètres d'altitude. Si la tumeur réagissait mal à la privation d'oxygène que mon organisme allait devoir supporter, je mourrais. Je n'ai aucun penchant pour le suicide, je ne suis pas un fou. Je n'allais pas sur l'Everest pour mourir mais pour vaincre son sommet. Celui qui s'engage sur les pentes du toit du monde sait qu'il prend un risque mais il sait aussi qu'il doit impérativement mettre toutes les chances de son côté pour en revenir vivant. L'enjeu, pour tous les alpinistes, est de réduire au minimum les risques encourus. Un mort ne profite pas de sa victoire, il faut redescendre pour jouir de sa réussite. Il était donc hors de question que je parte avec cette tumeur, d'autant que je ne pouvais me permettre de la laisser grossir encore un peu plus. Plus cette tumeur se développait, plus elle risquait de disséminer des métastases dans mon organisme. Si je ne pouvais échapper à l'opération, si je ne voulais pas abandonner l'Everest ni ajourner l'aventure, il ne me restait plus qu'une seule option : écourter au maximum la convalescence postopératoire. Les deux mois de repos annoncés étaient un délai moyen de récupération pour un patient moyen. Après quatre ans d'entraînement, je ne me situais pas dans la tranche moyenne, toute modestie mise à part. J'avais peut-être 62 ans, mais ces dernières années j'avais tout de même escaladé les plus hauts sommets de nos continents... Je pouvais récupérer de cette opération plus rapidement.

Nous étions le 17 mars, à deux semaines du départ. Même en convainquant le chirurgien, le délai était trop court. La solution était donc de gagner quelques jours sur le début de l'aventure. J'ai alors contacté le chef de l'expédition, qui se trouvait déjà à Katmandou depuis plusieurs jours. Il était obligé de maintenir la date du 30 mars pour l'équipe mais il pouvait m'accorder deux semaines de plus. Si j'arrivais à rejoindre l'expédition au camp de base le 12 avril au plus tard, j'avais encore toutes mes chances. Je me privais de deux semaines d'acclimatation à la très haute altitude, mais il me restait tout de même quatre semaines avant l'assaut final de l'Everest. Je pouvais le faire.

Il y avait là une opportunité extraordinaire à saisir. Aller jusqu'au bout de mon rêve, avec ou sans cette tumeur, était la meilleure façon de neutraliser ce cancer pour moi, pour mon entourage aussi. Rester sur le chemin tracé, c'était, de fait, surmonter le cancer. Je me devais de réduire cette tumeur au rang d'un incident sans conséquences.

Pour commencer, le docteur Jean Masson, mon chirurgien, refusa cette alternative. C'était un risque qu'il ne voulait pas prendre. Me suivre était accepter de sortir d'un protocole sécurisant pour lui et les patients en général. On peut toujours s'arrêter au « non » du médecin, on peut aussi lutter pied à pied pour imposer sa propre détermination. Je croyais en moi, je voulais qu'il comprenne qu'il pouvait croire en moi. Je me pliais au diagnostic, je comprenais la nécessité du geste opératoire, je m'y soumettais, mais je désirais qu'on me laisse juge de ma faculté de récupération. Je ne pouvais pas faire l'Everest sans ce chirurgien, c'était une évidence, mais je pouvais le faire grâce à lui et aux autres médecins qui me suivaient. Si nous conjuguions toutes nos compétences, si nous nous mettions tous à croire en ce projet Everest, je pouvais réussir. Alors, ma victoire serait aussi la leur. Je ne voulais pas être un patient passif, j'étais un patient qui voulait vivre, pas une vie en demi-teinte, pas une vie au ralenti, mais ma vie, telle que je la concevais, telle que je l'avais décidée. Je ne connais pas de murs qui ne peuvent être contournés ou escaladés par un moyen ou un autre. Être au pied du mur ne doit pas signifier que vous êtes dans l'impossibilité d'avancer mais que vous allez devoir imaginer des solutions pour parvenir à vos fins malgré lui. Le mur deviendra alors un des ressorts de la réussite : il vous aura obligé à réagir, à résister, à avancer, donc. C'est cela, la théorie du mur. Le mur tend à vous assigner une place et la refuser devient l'un de vos moteurs.

Jusque-là, je partais seul sur l'Everest, contre l'avis de tous, de ma famille, de mes amis, et voilà que ma seule chance d'y arriver était de constituer une équipe médicale, familiale, amicale autour de l'Everest et de fédérer tout ce monde autour de mon projet. Une *dream team* à l'assaut de l'Everest, voilà le concept gagnant ! Le chemin déjà parcouru depuis quatre ans avait sans doute de quoi persuader les plus endurcis. J'avais une telle foi en moi que les médecins décidèrent finalement assez rapidement de m'accompagner dans cette aventure. Croire en soi, c'est déjà réussir à 70 %, je ne le répéterai jamais assez. L'Everest devenait le rêve de tous. Le chirurgien accepta donc de fixer l'opération au lundi 27 mars. Pour mettre toutes les chances de mon côté, il avait décidé de procéder à l'ablation de la tumeur, et donc du rein, par-devant. Certains détails ont beaucoup d'importance : une cicatrice dans le dos m'aurait empêché de porter mon matériel, ma bouteille d'oxygène notamment. En doublant les points de suture, le docteur comptait aussi optimiser la résistance à l'effort de la cicatrice.

Comme il ne sert à rien de ressasser dans son coin, de tourner en rond dans les affres de l'angoisse, je suis parti avec ma femme pour un week-end à Florence juste avant l'opération. L'ennui, l'inactivité sont les meilleurs amis du stress et de l'angoisse. Je voulais aussi oublier que quelque part un avion partait pour Katmandou sans moi...

Une fois allongé dans le bloc opératoire, rien ne dépend plus de vous. Il reste la foi et l'absolue confiance en celui que vous avez choisi pour vous soigner. Vous n'allez pas échouer, ni vous ni votre médecin. Je croise le regard du chirurgien sous la lumière blanche et crue des projecteurs en ce lundi 27 mars. Je ferme les yeux sur une certitude : nous allons réussir. Dès mon réveil, je sais que j'ai eu raison. Tout s'est bien passé et rien ne m'empêche plus de me concentrer sur l'Everest, et l'Everest uniquement. Rien n'importe plus que cela. La douleur, les heures d'attente, la fatigue se dissolvent dans cette concentration de chaque instant. Je suis déjà dans l'action, je marche dans la trace de mon sherpa.

Après une semaine de clinique, j'étais en mesure de partir faire des tests de résistance à l'effort à Isola 2000. La cicatrisation était parfaite. Les médecins de Cannes avaient réussi leur pari, l'Everest était à ma portée. Avec leur accord, je m'envole une semaine plus tard, le 12 avril, pour Katmandou. Dans mon sac, un drapeau sur lequel j'ai fait imprimer le portrait de mes médecins... Je n'atteindrai pas seul le sommet.

Soyons clairs, mon départ n'est pas un acte irresponsable. Je n'étais pas fatigué, j'étais en pleine forme, je n'avais besoin que de très peu d'antidouleurs.

Je voulais que ce cancer devienne totalement transparent mais je ne m'aveuglais pas pour autant. Quelles étaient les conséquences réelles de l'intervention ? Quelles en seraient les suites ? Quels risques supplémentaires acceptais-je de prendre au nom de l'Everest ? Je m'étais posé toutes ces questions, j'y avais répondu grâce aux médecins, j'avais pris ma décision en connaissance de cause.

Premier point : je n'ignorais pas que les tumeurs primitives de cette taille ont souvent pour mauvaise habitude de disséminer des métastases dans tout l'organisme. Peut-être avais-je des cellules cancéreuses quelque part qui s'activaient déjà à former une tumeur fille... Cette phase de dissémination, si elle était effective, on ne la découvrirait que plus tard, de toute manière. Il était inutile de s'inquiéter pour quelque chose qui n'avait pas encore d'existence réelle. Anticiper mène tout droit à la peur, la peur débouche sur l'immobilisme, sur un attentisme paralysant qui n'apporte rien, bien au contraire. Par essence, nul ne connaît le moment où l'épée de Damoclès choisira de frapper. En faire une obsession revient à faire ses adieux à la vie ! Tenter l'Everest n'augmentait pas les risques encourus. Si jamais je devais faire face à une nouvelle tumeur, avoir ou non tenté l'Everest ne changerait strictement rien. Mieux, j'aborderais cette épreuve avec la satisfaction de l'homme épanoui. Avouez que cela valait mieux qu'une belle dose de frustration ! J'avais promis à mes médecins de me soumettre à toute une batterie de contrôles réguliers dès mon retour. De plus, fort naïvement, j'en conviens aujourd'hui, j'avais l'intime conviction que la très haute altitude avait de grandes chances de griller toutes les métastases existantes ! Si la foi soulève les montagnes, elle peut aussi aider à la rémission du cancer.

Second point : je n'avais plus qu'un rein. La nature nous en a donné deux pour que l'un supplée à l'autre en cas de problème. Je n'étais pas à l'abri d'un dysfonctionnement, surtout à 62 ans. Là aussi, s'arrêter à ce point revenait à abandonner tout projet à vie, ce qui était exclu et donc hors de propos. Rien n'est plus meurtrier que la circulation, et pourtant nous continuons à prendre notre voiture chaque jour. Jamais je n'aurais récupéré de cette opération en deux semaines sans l'Everest. Cette aventure m'avait galvanisé, l'obsession du sommet m'avait soustrait à la passivité, au relâchement, au découragement. L'Everest, en fédérant une équipe autour de moi, m'avait donné un passeport pour la vie, un antidote aux effets du cancer, une chance absolument incroyable de résister. Je lui devais beaucoup et j'avais l'intime conviction que l'Everest allait me donner encore plus.

Troisième point : une opération chirurgicale fatigue. Je ne suis pas un surhomme. Si le jour de l'opération, vous n'êtes qu'à 50 % de votre forme physique et mentale, deux semaines après l'opération, vous ne serez plus qu'entre 30 et 48 % de celle-ci. Vous aurez ajouté de la fatigue à une fatigue préexistante. Si vous partez à 100 % de votre potentiel, si vous mobilisez toutes vos forces vives, vous n'aurez perdu, au bout du compte, que 2 ou 3 % de votre capacité. Autant dire que vous ne saurez pas faire la différence entre l'avant et l'après. Les facteurs se multiplient de façon exponentielle. Un homme en mauvaise condition physique et mentale n'a pas les ressources pour réagir correctement, surtout s'il n'a aucune motivation supérieure pour le faire avancer. J'avais donc perdu 2 ou 3 % de mon capital. Le différentiel n'était pas assez important pour devenir un handicap.

Le quatrième et dernier point était peut-être un peu plus ennuyeux : je n'avais pas réussi à prendre du poids avant mon départ. J'avais prévu de prendre au moins 5 kilos. Je n'avais pas maigri mais j'étais resté à mon poids de forme. J'allais brûler énormément de calories pendant cette expédition et je n'espérais pas me nourrir très correctement dans les semaines à venir. J'étais donc certain de revenir très amaigri et donc très affaibli, mais je n'ai pas pour habitude de m'arrêter à des détails.

Au regard de ces points négatifs, il y avait l'Everest, 8 850 mètres de conviction, 8 850 mètres d'efforts, 8 850 mètres de bonheur. Surtout, il y avait ce que ce sommet signifiait pour moi : le rêve absolu, la promesse d'une plénitude sans commune mesure. Qu'auriez-vous fait dans ces conditions-là ? Auriez-vous parié pour la vie ? Moi, c'est le choix que j'ai fait, et ce pari, je pouvais le relever parce que je m'en étais donné les moyens.

Mon sac à dos m'attendait... Décollage pour Katmandou le 12 avril. Je devais être le Français le plus âgé à atteindre le sommet de l'Everest et, par la grâce de Dieu, je pouvais être aussi le premier homme à atteindre le toit du monde avec un seul rein...

2

Naissance du projet Everest

Mais qu'est-ce qui peut pousser quelqu'un à aller si haut ? A-t-on besoin de se percher à 8 850 mètres pour être heureux ?

1950-2002

Peut-être vous posez-vous ces questions. Y répondre sera un plaisir...

Le sujet même de ce livre, sa raison d'être imposaient que le cancer soit évoqué en tout premier lieu. Mais, pour comprendre les motivations qui m'ont animé pendant des années, qui me poussent toujours aujourd'hui, il faut revenir en arrière, faire un premier saut dans le passé de près de soixante ans d'abord, un second de quatre années ensuite.

Derrière un adulte, qu'il ait 60 ou 20 ans, il y a toujours un gamin qui rêve. Nous sommes en juin 1950 et toute la France de De Gaulle suit l'exploit de Maurice Herzog. Je n'ai que 7 ans alors, mais je ne manquerais pour rien au monde le récit de l'ascension de l'Annapurna. L'oreille collée au poste de radio familial, jour après jour, je suis l'expédition française, je vis là, par procuration, ma première grande ascension, mon tout premier 8000 mètres. Je n'ai jamais oublié ces heures de rêve. C'est donc bien à Maurice Herzog que je dois de tant aimer les montagnes...

L'idée de cette ascension n'est pas venue *ex nihilo* mais elle est née progressivement, comme on tire les fils d'une histoire. Elle est l'aboutissement d'un processus engagé à 58 ans et long de quatre années. Les plus beaux rêves naissent au cœur de l'enfance, sommeillent parfois quelques années pour se réveiller un jour intacts, purs et incontournables... La montagne a toujours été là, dans ma vie, mais sur un mode plus mineur sans doute. Les sports d'hiver en famille, l'achat d'un appartement à Isola... C'est aussi simple que cela, l'amour de la montagne vous tient, presque malgré vous, à votre insu. La montagne commence par vous manquer quand vous êtes en ville, elle devient une obsession au fil du temps. Regarder le soleil se coucher derrière les sommets, marcher en pleine nature, dévaler des pentes, écouter la neige crisser sous ses pas, contempler des panoramas vertigineux, qu'y a-t-il de plus beau et de plus simple ? Le plaisir de l'esthète, un ravissement essentiel sont, je pense, à l'origine de tout cela. La montagne était une échappée belle, un moment de repos qui venait rompre avec l'agitation d'une vie très remplie. Nous avons tous nos lieux d'évasion, des refuges qui ressemblent un peu à des images d'Épinal quand on les évoque.

À un tournant de ma vie, la montagne a pris une tout autre dimension. J'avais subi des revers dans un projet politique que je tentais de mener et j'avais un irrépressible besoin de changer radicalement de vie. Respirer, prendre de la hauteur, au propre comme au figuré. La montagne m'offrait l'oxygène et la pureté auxquels j'aspirais. Quitter une vie trop sociale pour arpenter des sentiers escarpés marquait une rupture devenue vitale pour moi. Je cherchais à me recentrer, à réunir toutes les parts de moi que j'avais laissées aller dans le mouvement de la vie. Vous pouvez voir là les marques d'une quête spirituelle, d'une démarche chrétienne. Je ne cherche à convaincre personne, la foi est une question éminemment personnelle mais je n'ai pas peur d'affirmer qu'elle m'est un moteur essentiel, ce qui sous-tend mon humanisme, une croyance profonde en l'homme. Très rapidement, aller toujours plus loin, toujours plus haut, me fut une absolue nécessité. Au bout du chemin, j'en étais sûr, j'allais trouver ce qui me manquait : l'intensité, la sérénité, la plénitude, la simplicité aussi. Grimper pour grimper, courir pour courir, aligner des exploits comme on constitue un tableau de chasse n'a strictement aucun intérêt. Élever son esprit par le travail du corps, saisir la fulgurance d'une émotion, conquérir à chaque fois un nouveau champ de possibilités, cela seul a du prix à mes yeux.

La montagne est exigeante. Ne grimpe pas qui veut. Si votre esprit aspire à plus de hauteur et que la montagne est pour vous le symbole et la voie même de cette transcendance, vous n'avez pas le choix, votre corps doit suivre. Il doit pouvoir vous accompagner fidèlement dans votre progression.

Pas d'esprit sain sans un corps sain... Pour monter, je n'avais d'autre alternative que de permettre à mon corps de fournir plus d'efforts. Je reconnais que ce ne fut pas une corvée pour moi. J'ai toujours beaucoup aimé le sport, la marche et la course en particulier. Ceux qui aiment à se lever à l'aube pour courir quand tout dort encore me comprendront. Comment décrire le charme d'un lever de soleil, du silence de l'avant-jour ? Au petit matin, le coureur n'entend que la cadence de ses pas sur l'asphalte, que le bruit de son souffle. L'esprit se vide de tout ce qui n'est pas essentiel, le stress s'évacue, le corps se ressource. J'ai couru toute ma vie, au moins une heure par jour, entre 5 et 6 heures du matin. Quand j'arrivais au travail, j'avais une longueur d'avance sur tous mes collègues. Je respirais mieux, j'étais prêt à affronter la journée sereinement. À 58 ans, je me suis fixé pour objectif de devenir un sportif de bon niveau : j'avais besoin d'une condition physique plus qu'impeccable pour grimper toujours plus haut. Il fallait que mon corps puisse suivre mon esprit, tout simplement. Jamais je n'ai eu pour objectif de gagner telle ou telle compétition. Si j'ai participé plus tard à des marathons ou à des courses plus extrêmes, ça a toujours été pour mesurer mes capacités à repousser mes limites. Bien sûr, je ne nie pas qu'il est toujours plaisant de dépasser le sportif qui est devant vous. La compétition ajoute du piment à la course, vous donne cet influx de hargne qui vous pousse en avant. Le tout est que la « gagne » ne devienne pas l'objectif mais le petit « plus » de la chose. On ne gagne jamais vraiment que contre soi-même.

À 58 ans, il est vrai que l'on n'est plus tout à fait dans la jeunesse, ou alors dans sa pente descendante, si je peux me permettre un trait d'humour. À partir de 40 ans, notre condition physique tend à se dégrader petit à petit. Chaque année, à partir de cet âge, nous perdons 1 % de notre masse musculaire. Ce n'est pas grand-chose, diront certains, mais si vous ne faites rien, à 60 ans, vous aurez perdu 20 % de votre capacité musculaire. N'ayons pas peur des mots, vous serez diminué. Il ne s'agit pas de rester jeune à tout prix – ne courons pas après la chimère de l'éternelle jeunesse ! – mais de préserver un capital essentiel à la santé. On comprend aisément que plus on avance en âge, plus on doit fournir d'efforts pour rester au top. Je reviendrai sur ce point un peu plus tard, mais celui qui prend réellement conscience de ce processus mettra naturellement en place une stratégie pour y remédier, s'il désire continuer à contrôler son corps et à préserver ses capacités d'action. Je parle ici en particulier pour les quadragénaires... Pour ma part, je ne voulais pas seulement entretenir mes capacités mais les augmenter, et ceci non pas pour rivaliser avec des plus jeunes que moi mais pour m'offrir le luxe d'une liberté totale d'action dans ma recherche. Avoir un corps en parfait état de marche est pour moi la garantie de la liberté, l'assurance de ne dépendre que de moi et de moi seul. Nous avons à préserver le capital physique que la nature nous a offert car c'est grâce à celui-ci que nous pourrons tout affronter. On peut dire ce que l'on veut : un corps en pleine possession de ses moyens supportera mieux le choc d'un traitement contre le cancer qu'un corps que l'on a laissé à un certain abandon. Cette constatation est de l'ordre de l'évidence et du bon sens sur le papier mais elle semble l'être beaucoup moins quand on observe le comportement des hommes en général. La médecine chinoise préfère prévenir la maladie plutôt que d'avoir à la guérir. Le sportif fait exactement la même chose. Il n'évitera pas le cancer, vous l'avez bien compris, mais il se donnera la capacité de mieux y résister.

La vie est pour moi synonyme de mouvement. Je ne peux me satisfaire d'un acquis, d'un état de choses. Ce qui est fixe, immobile m'ennuie. Il me faut sans cesse découvrir, sans cesse avancer pour aller voir ce que l'ailleurs peut avoir à me révéler. Mon échec en politique aurait pu m'amener à me replier sur tout ce que j'avais pu engranger par ailleurs. Je ne manquais de rien sur le plan matériel, j'avais derrière moi une belle réussite professionnelle, une carrière dont je pouvais être fier, j'avais la chance d'avoir une belle famille, une vie conjugale harmonieuse. D'autres n'auraient rien cherché de plus et auraient choisi de se reposer tranquillement. On peut tout à fait vivre sa retraite paisiblement, en voyageant de temps à autre. Je n'ai rien contre, mais me laisser aller à une quiétude paisible n'est pas dans ma nature. Assis sur une chaise, sans but ni rêve, je serais mort d'inactivité. La chose est certaine. Outre le fait que j'avais besoin de me recentrer, je désirais suivre ma nature profonde. On ne cesse pas d'être un homme de challenge parce qu'on est arrivé à l'âge de la retraite. On devrait d'ailleurs trouver un autre mot pour cette période de la vie. Après tout, on ne se retire que de la vie professionnelle. Devrait-on se soustraire au mouvement de la vie sous prétexte que l'on a atteint l'âge de 60 ans ? Y aurait-il des activités réservées aux sexagénaires, les fameux seniors ? La société tend, en effet, à nous faire croire que le dernier tiers d'une vie doit être consacré au repos et aux loisirs récréatifs. Avez-vous déjà glissé une oreille indiscrète dans un de ces groupes de seniors ? T'as mal où ? J'ai mal là... Il ne s'agit plus que de cela, des douleurs des uns, des plaintes des autres. Est-on obligé d'en passer par là ? Doit-on croire qu'on n'est plus bon à mener à bien des projets ? Doit-on se persuader qu'on n'a plus à grandir, à découvrir, parce qu'on a franchi la ligne fatidique des 60 ans ?

Doit-on se convaincre qu'on n'évoluera plus, que toute possibilité de s'améliorer, d'aider les autres à le faire, est réservée à plus jeune que soi ? Mon Dieu, qu'il serait triste de répondre par l'affirmative à tout ceci. Cervantès a écrit son *Don Quichotte* à 58 ans, Pasteur a découvert le vaccin contre la rage à 62 ans... Nul n'est tenu d'être ce que la société attend de lui. Rien ne m'insupporte plus que les places que l'on voudrait m'assigner sous prétexte qu'elles seraient meilleures pour moi. Qui peut décider pour moi de ce qui me convient ? Qui peut dire ce qui me fera du bien si ce n'est moi ? À chaque moment de la vie, à chaque âge, dans chaque situation, tout tend à vous désigner une place. Vous avez tel âge, vous avez tel diplôme, donc vous allez être ceci. Vous avez un cancer, vous êtes malade, vous allez donc vous reposer... Non. C'est la seule réponse possible. Je choisis la place que je veux occuper et si je n'ai pas la capacité ni les qualités pour, je vais les développer pour ce faire, pour la mériter, la gagner. Rester dans la vie, c'est cela, préférer le mouvement et la liberté plutôt que l'ennui et la passivité. Tout est là, la vie est un défi à relever par nécessité, et par plaisir si vous le décidez.

Toujours plus loin, toujours plus fort, toujours plus haut. Vous l'avez compris, chaque défi m'a amené au défi suivant. C'est ainsi que l'on tire le fil, c'est ainsi qu'un jour on foule les neiges de l'Everest. C'est ainsi que le bonheur passe par 8 850 mètres de blancheur immaculée.

3

Connais-toi toi-même...

Parce qu'il y avait l'Everest au bout de tout cela,
je ne me sentais plus vieillir, je ne souffrais plus,
j'avançais heureux de chaque effort,
de chaque étape accomplie.

2002-2006

Intensité et sérénité, ces deux mots résument parfaitement mon projet de vie d'alors, mon objectif premier. Certains atteignent cette sérénité intense en méditant, moi, j'étais persuadé que tout cela était au bout d'un chemin de montagne. Mon corps devait être le fidèle compagnon de mon esprit, le moteur infatigable de ma recherche spirituelle. La montagne ne se donne pas, elle se conquiert. Elle est exigeante, tous les alpinistes vous le diront. Celui qui veut monter doit s'armer de patience, de persévérance. Si je voulais avancer, je devais me constituer un capital physique et sportif à la hauteur de mes ambitions, aussi modestes qu'elles puissent être au départ. Mes années politiques m'avaient laissé un certain

« enrobage » que je ne supportais plus et je ne pouvais espérer aborder le domaine de la haute montagne sans un corps affûté. J'avais tout à gagner en m'engageant dans la voie du sport : une meilleure santé et un esprit reposé parce que satisfait des efforts quotidiens.

On n'attaque pas un programme sportif, quel qu'il soit, sans prendre quelques précautions d'usage, surtout passé la quarantaine. Le sport doit être synonyme de mieux-être et non pas de souffrance. Quoi que vous puissiez décider de faire dans votre vie, quel que soit votre objectif, vous devez prendre conscience de ce que vous êtes aujourd'hui, à l'instant *n* de votre projet. Pratiquer une activité physique régulière ou intense peut entraîner tout un lot de traumatismes si l'intellect ne fait pas partie du voyage. Le sport est un facteur de santé si sa pratique est réfléchie et raisonnée. Quelques questions devaient être absolument posées d'entrée de jeu. Quel est mon objectif ? Quel potentiel physique et mental requiert-il ? Dans quel état suis-je au démarrage de mon projet ? Que me manque-t-il pour remplir les conditions *sine qua non* de l'objectif ? Quelles ressources dois-je mettre en œuvre pour réunir ces conditions ?

Bien sûr, tout ce que je livre ici est le fruit de mes expériences. Chaque objectif réalisé m'a permis de capitaliser des acquis à réinvestir dans l'étape suivante.

Le préalable à tout objectif d'ordre physique est d'acquérir une bonne connaissance de ses paramètres corporels. Une visite chez un cardiologue est incontournable mais s'avérera vite insuffisante. Le docteur vous fait un électrocardiogramme afin de savoir si vous pouvez pratiquer une activité physique sans risque, si vous ne présentez aucune contre-indication, mais il ne vous donne aucune information sur vos limites potentielles. J'avais un rêve, un objectif final, la haute montagne, mais je savais que j'allais devoir fixer des buts intermédiaires pour y arriver progressivement. Je ne pouvais établir ces étapes nécessaires qu'en connaissant parfaitement mon état initial et mes limites présentes. Pour ne pas risquer de casser la machine, il faut savoir la faire monter en puissance progressivement. Si votre objectif est de ne plus prendre l'ascenseur pour rentrer chez vous, au sixième étage, et que vous n'avez plus grimpé une marche depuis plus de vingt ans, vous n'avez pas intérêt à vous lancer à l'assaut de l'escalier en une seule fois. Vous serez épuisé une fois sur votre palier, vous mettrez tant de temps à récupérer qu'il y a de grandes chances que plus jamais vous ne tentiez la chose. La première semaine, visez le premier étage. Si vous vous rendez compte qu'en fait vous pouviez plus, la semaine suivante vous irez jusqu'au deuxième, et ainsi de suite. Le jour où vous atteindrez votre appartement, vous serez heureux, en pleine forme et prêt à aller rendre visite à votre voisin du dessus. Le principe est de ne pas brûler les étapes pour ne pas mettre sa santé et sa volonté en danger.

La résistance à l'effort est la première qualité d'un vrai montagnard, à mon sens. Enchaîner des dénivelés pendant des heures demande une sacrée énergie. La course de fond était le moyen le plus sûr et le plus rapide pour acquérir cette capacité physique et cardiaque dans l'effort. Comme j'avais couru pratiquement toute ma vie, je me savais capable d'arriver d'emblée au bout d'un semi-marathon. Le but premier était donc d'augmenter la distance parcourue sans que la fatigue s'accroisse d'autant. Il faut non seulement atteindre l'objectif mais aussi diminuer autant que possible le temps de récupération après l'effort. Le but du sport quotidien doit être aussi de se sentir en forme toute la journée. Si après vous être douché vous n'avez plus la force de rien, c'est que vous avez dépassé vos limites, que vous avez perdu de vue votre objectif premier : l'augmentation de votre capital physique et donc votre mieux-être. La notion de marge dans l'effort est essentielle ; en d'autres termes, vous ne devez pas être au taquet.

La physiologie du sport est un domaine intéressant à découvrir et particulièrement pertinent à étudier. Comment pouvais-je amener progressivement mon corps à fournir toujours plus d'efforts sans qu'il en vienne à souffrir ? Quelles étaient mes pulsations cardiaques avant l'effort, pendant l'effort, après l'effort ? Comment pouvais-je obtenir des mesures de mon souffle ? Combien de calories le corps dépense-t-il sur un effort de 15, de 50, de 150 kilomètres ? Grâce à quelques recherches, j'ai pu découvrir le centre médical du sport de haut niveau des Alpes-Maritimes. Une batterie de tests me permit de connaître le mieux possible, grâce aux différents spécialistes, tous mes paramètres physiologiques. Il était sage, à 58 ans, d'en tenir compte. Mes premiers objectifs découlèrent de ces connaissances. J'ai fonctionné tout de suite par objectif trimestriel parce que ce mode d'organisation m'était familier, comme il l'a été pendant toute ma vie professionnelle au sein d'IBM. Marathons, trails, treks, expéditions en haute montagne à entreprendre tous les trois mois me semblèrent des objectifs à court terme parfaitement gérables chaque année. Il ne s'agissait pas de gagner mais de remplir à chaque fois un objectif personnel : accroître et conforter mon potentiel. Sur tel marathon, j'avais par exemple pour but de parcourir les 30 premiers kilomètres à 150-160 pulsations par minute maximum. Si ces dernières augmentent trop, il faut ralentir. Si vous avez une marge, vous pouvez accélérer ou aller un peu plus loin. Veiller à ces paramètres, c'est automatiquement réduire le temps de récupération qui suit l'effort. Se connaître soi-même est indispensable, cette connaissance est le préalable de l'effort sportif raisonné et sensé.

Savoir préparer son corps dans sa globalité est le second préalable, sans nul doute. Partir faire l'ascension d'un sommet, ou courir un marathon, plus simplement, c'est s'engager automatiquement pour des heures d'efforts continus. Quand vous courez un marathon, quand vous participez à un trail, à chaque fois que votre pied touche le sol, une onde de choc parcourt votre corps. Si vous n'êtes pas suffisamment musclé, des douleurs gênantes apparaîtront tôt ou tard. Même les coureurs du dimanche devraient en être conscients, les ostéopathes le savent, courir fait plus de mal que de bien à un dos en manque de tonicité musculaire. En conséquence, j'ai vite compris que dix à douze heures par semaine d'éducation physique et de musculation en salle seraient nécessaires à la réalisation de mes objectifs. Je devais renforcer la musculature de mon corps à tous les niveaux pour n'être pas ébranlé par le choc répétitif de mes pas sur la route ou sur les chemins. Si je ne voulais pas être contraint à porter un jour ou l'autre une chevillère ou une genouillère, accessoires que l'on voit malheureusement pulluler, il fallait en outre développer la musculature des jambes pour maintenir les articulations. Le corps d'un sportif doit s'envisager dans sa globalité. Ce n'est pas parce qu'on joue au tennis qu'on ne doit s'occuper que de son bras droit ! Tout participe, chaque muscle, chaque articulation, dans un effort sportif, et dans le domaine de l'alpinisme tout particulièrement. La douleur surgit automatiquement au point que l'on a négligé. Qui souhaite courir doit aussi porter une attention particulière à ses pieds. Mieux vaut éviter de faire certains apprentissages dans la douleur, et je suis bien placé pour en parler. Une bonne paire de chaussures se fait vite oublier, une mauvaise paire jamais. J'ai dû courir le marathon de Paris avec une tendinite affreuse parce qu'un vendeur m'avait conseillé une paire de chaussures qui ne me convenait pas. Quand vos appuis ne sont pas les bons, vos genoux souffrent automatiquement. J'ai trouvé les bonnes chaussures la veille de la course mais il était déjà trop tard pour que la tendinite puisse se résorber avant l'effort. Je suis allé jusqu'au bout du marathon en serrant les dents. Courir en ville n'est pas ce que je préfère, mais là, pour le coup, la course n'avait plus rien à voir avec une partie de plaisir.

Connaître votre corps, l'avoir préparé musculairement à l'effort ne suffit pas cependant. Observer, étudier les athlètes de haut niveau permet de décomposer et d'optimiser chaque geste. Il suffit parfois de surfer sur Internet pour glaner tout un éventail de conseils, d'informations stratégiques et précieuses. Au début de mon entraînement, je me suis contraint à être parfaitement concentré sur mon effort. Travailler sur la posture du corps, sur l'équilibre de celui-ci permet de moins s'épuiser, de s'économiser, en somme. Je ne vide pas mon esprit quand je cours, non, je pense que je suis en train de courir. C'est la théorie de l'*ici et maintenant*. Il faut être dans le temps présent de l'effort. Je n'anticipe pas sur une fatigue possible, sur les kilomètres qu'il me reste à parcourir, je m'ancre dans le geste que je suis en train de produire. Au début, il faut tout analyser, tout décomposer, veiller à la façon dont on pose le pied, à la détente du haut du corps, à la posture du dos. Petit à petit, l'esprit et le corps intègrent ces paramètres et le bon geste devient un automatisme auquel il n'est plus nécessaire de penser sans cesse. Ce n'est pas pour autant qu'il vous faut relâcher la concentration. Il faut être toujours prêt à réagir au moindre imprévu. Il suffit d'un caillou sur le chemin et d'une faute d'inattention pour risquer la blessure ou le traumatisme. Le sport est un facteur de santé si, et seulement si, l'activité est bien gérée. Je ne vois pas l'intérêt de courir au-devant de la souffrance, de la blessure. Le but ultime est quand même de se sentir en forme. Certes, il faut savoir aller au-delà de certaines douleurs pour progresser mais elles ne doivent être liées qu'à un travail raisonné et non à des accidents. Une fois en mouvement, d'ailleurs, elles s'effacent naturellement. Je ne peux pas discuter avec quelqu'un en courant comme je ne peux courir à un autre rythme que le mien. Je suis un sportif solitaire car je n'aime pas être déconcentré. Je finis toujours mieux que je ne commence, j'accélère donc au fur et à mesure de l'effort. Si je veux courir avec mon fils Olivier, il faut que je parte plus vite que je n'ai l'habitude de le faire. Ce changement de rythme, le fait d'adopter une cadence qui n'est pas la mienne, ne me met pas en danger, certes, mais peut provoquer inconfort et blessures. Courir seul et concentré sur l'instant est, à mon sens, la meilleure façon d'aborder l'effort sainement, puisque le coureur peut alors être uniquement centré sur l'écoute de son corps. Encore une fois, il ne s'agit pas de se faire mal mais d'être en pleine forme, au bout du compte.

Quand on décide de s'engager sur la voie du sport à 58 ans, l'hygiène de vie devient un point central de la réflexion. Pour pouvoir franchir les paliers d'une progression, du trek au marathon, du marathon au trail, du trail à la haute montagne, il faut réfléchir aux handicaps potentiels de l'âge. Une fois la barre des 40 ans franchie, on perd non seulement de sa masse musculaire mais on a aussi tendance à prendre plus facilement du poids, à récupérer plus lentement, à avoir des articulations plus fragiles. Je ne crois pas qu'il y ait beaucoup de bons sportifs en surcharge pondérale ! Marcher, courir beaucoup, travailler en salle de gym, tout cela brûle beaucoup de calories mais ne garantit à personne de se maintenir à son poids de forme. Il faut donc surveiller son assiette. Surveiller ne signifie pas se priver, un sportif tenaillé par une faim constante n'ira pas très loin. On voit alors toute l'importance de la diététique. Ma démarche fut assez empirique au départ. Au cours de voyages professionnels, en Corée, en Chine, en Amérique, en Asie, en Afrique, j'avais pu observer les us et coutumes de différents peuples. En m'inspirant des défauts des uns et des qualités des autres, j'avais entrepris d'éliminer quelques habitudes néfastes. Observer, analyser, adopter ou rejeter, on en revient toujours à ces mêmes verbes. Pas de charcuterie, pas de produits laitiers, pas de beurre, peu de sucre, pas d'alcool, si ce n'est un verre de très bon vin, de temps à autre... J'avais remplacé tous ces interdits par le soja, une consommation plus importante de poissons, de légumes et de fruits. Le simple bon sens avait prévalu. Faire cela était déjà rompre avec une tradition culinaire héritée de l'enfance, de ma famille donc.

Il ne s'agissait plus ensuite que de préciser tout cela. Si je voulais aller toujours plus loin, il me fallait affiner mes nouvelles habitudes alimentaires. Rien ne vaut dans ce cas une démarche scientifique rigoureuse. Au centre médical du sport de haut niveau des Alpes-Maritimes, je pus profiter de quelques tests supplémentaires pour obtenir mes mesures biométriques. Grâce à Stéphane, un doctorant du centre, je pus mettre au point une diététique de l'effort précisément adaptée à ma physiologie et à mes objectifs. Celle-ci était directement validée sur le terrain, puis adoptée ou modifiée le cas échéant. Dès lors, sachant combien de calories mon corps consommait lors d'un effort, je pouvais composer mes repas en fonction de ces paramètres. Là aussi, un apprentissage fut nécessaire. Il a fallu apprendre à calculer les calories consommées et l'apport en calories de chaque aliment. Comme pour le geste sportif, on réfléchit beaucoup au départ, on intègre ensuite les différents facteurs jusqu'à ce que tout cela devienne un automatisme.

Oh, mon Dieu, quelle horreur, cet homme mange sans plaisir ! Je vous entends penser mais vous êtes dans l'erreur. Voilà des années que je vais toujours vers plus de simplicité, voilà des années que je constate que cette simplicité ne soustrait rien au plaisir, bien au contraire. Frugalité, simplicité et plaisir sont des substantifs qui se conjuguent parfaitement. Un carré de chocolat noir ! N'est-ce pas une jouissance ?

Vous l'avez noté, je suis toujours le même procédé. Le résumé en est extrêmement simple. Se fixer un objectif toujours supérieur aux limites actuelles mais pas trop, car il faut toujours garder une marge. La récupération en dépend. Évaluer son potentiel présent et les paramètres à mettre en œuvre pour atteindre l'objectif. Travailler pour combler les manques : musculation, travail du souffle, diététique, recherches... Réaliser l'objectif. La réalisation, ou l'échec éventuel, permet de capitaliser une expérience que l'on va pouvoir investir dans un nouveau défi.

Je choisissais une épreuve par trimestre et je me concentrais sur elle seule. L'objectif final était toujours d'aller plus haut, les défis intermédiaires me permettaient de monter en puissance sans que l'anticipation du but final ne finisse par devenir un facteur de stress. Si les 200 kilomètres d'un trail vous découragent une fois sur la ligne de départ, ne songez qu'à bien courir les premiers 10 kilomètres et, une fois là, concentrez-vous sur les 10 suivants.

Cette façon rigoureuse de fonctionner n'a pas que des avantages, sachez-le avant de vous y engager éventuellement. Vos amis en auront peut-être vite assez de vos impératifs diététiques. Vous ne mangez pas comme eux, ce n'est pas toujours évident de continuer à vous inviter. Comme vous marchez un peu sur le mode obsessionnel, les préoccupations de votre entourage ne seront plus les vôtres. Vous prenez le risque d'un certain désintérêt. Vos objectifs ne sont raisonnables que pour vous, ils frôleront la folie pour certains. « À ton âge, tu te rends compte, c'est de la folie ! » Il vous faudra donc apprendre à composer avec l'opinion d'autrui sans provoquer de rupture avec votre entourage. La démarche du challenger est par essence une démarche centrée sur soi, égoïste, si le terme est plus clair. Pourtant, vous isoler du monde n'est pas du tout ce que vous recherchez. Mon éthique de la discipline n'a qu'un seul but : le bien-être de mon corps, mon épanouissement personnel. Mon entourage ne doit pas payer le prix de mon bonheur. Si je l'écris ici, c'est pour souligner que l'on ne peut pas partir sur ce chemin sans s'être assuré du confort des siens. Je ne veux pas exercer ma liberté à l'encontre de celle de ma femme, de celle de ma famille. J'ai beaucoup de chance, mon épouse et moi sommes complémentaires. Si je suis toujours dans l'action, Josiane est plutôt contemplative. Je peux m'absenter des heures en montagne car je sais qu'elle a ses propres centres d'intérêt, indépendamment de moi.

Celui qui est animé par un rêve fort doit avoir conscience qu'il ne sera pas toujours compris. Être toujours concentré sur un but personnel vous exclut toujours plus ou moins des préoccupations du groupe.

« Un esprit sain dans un corps sain » était donc le sésame incontournable pour la haute montagne, tout est parti de là. J'ai fait le tour de la question des semi-marathons, puis le tour de la question des marathons. J'aurais pu continuer en me donnant pour objectif d'améliorer mon temps, mes performances... Mais un simple marathonien fait-il un bon montagnard ? Non. Il était donc crucial de jouer sur la variété des épreuves pour que l'entraînement soit complet. Et puis, un des problèmes est que tout cela m'a vite ennuyé. Il est sympathique de redécouvrir Paris en courant, de visiter New York en participant au marathon. Mais quand on l'a fait une fois, on n'a pas franchement envie d'y revenir. Quel est l'intérêt de courir sans l'attrait de la découverte ? Je ne suis pas un homme de ville, la montagne est mon domaine de prédilection, ce pourquoi, au demeurant, je m'entraînais autant. Je partis donc pour le marathon du mont Blanc, puis pour le 6000 D de La Plagne. Cette dernière course est particulièrement retorse : 50 kilomètres avec 6000 mètres de dénivelé, 3000 en montant, 3000 en descendant. Les choses se précisaient, la très haute montagne se rapprochait, toujours plus accessible... D'autant plus que, d'objectif en objectif, je restais en deçà de mes limites. Tant qu'une marge demeurait, je pouvais avancer encore plus loin, plus fort, plus haut. Il y eut donc les trails, les très longues randonnées, et surtout les expéditions à 3 000, 4 000, 5 000, 6 000 et 7 000 mètres, et puis tout au bout, là-bas, au-dessus des nuages, l'Everest enfin. « Un esprit ardent dans un corps musclé », c'est plutôt vers cela que ma nature me poussait.

J'affirme souvent que j'ai consacré quatre années de ma vie à préparer l'Everest, c'est vrai mais ce n'est pas tout à fait exact. L'Everest est en fait l'aboutissement de soixante-deux ans d'expérience.

4

Un univers extrême

Parce que l'Everest est là...
Georges Mallory

2006

Voilà ce que répondait le célèbre alpiniste aux journalistes qui lui demandaient sans relâche pourquoi il désirait tant escalader l'Everest.

Des alpinistes de toutes nationalités rejoignent, chaque printemps, le camp de base de l'Everest. Tous les peuples ont un jour rêvé de conquérir la déesse mère de la terre, Chomolungma pour les Tibétains, Sagarmatha pour les Népalais. Pourquoi ? De l'ordre du rêve, l'attrait qu'exerce cette montagne sur les alpinistes ne s'explique pas vraiment. Elle n'est pas la plus technique mais elle est, assurément, la plus extrême. Depuis la conquête de son sommet, le 29 mai 1953, par sir Edmund Hillary et le sherpa Tenzing Norgay, 2100 alpinistes sont parvenus au bout des légendaires 8850 mètres, sherpas inclus; 210 y ont perdu la vie, d'autres en sont revenus blessés. L'Everest ne se laissera jamais vaincre sans danger.

Traverser la *death zone*, la zone de la mort, comprise entre 7000 et 8850 mètres, c'est affronter la mort, non seulement à cause des dangers dus aux avalanches, au froid, aux crevasses mais surtout parce que l'organisme n'est plus en mesure de s'adapter à la raréfaction de l'oxygène. Les processus vitaux dépérissent vite et la mort ne devient plus qu'une question de temps à ces altitudes. L'Everest est un défi extrême pour qui tente son sommet. Mieux vaut en être parfaitement conscient.

À chaque pas, le glacier peut se fissurer, les séracs peuvent débouler et les avalanches tout emporter. Il faut aussi compter avec des vents aussi subits que violents qui peuvent frapper l'alpiniste à tout moment. Le candidat au sommet doit être conscient qu'il risque l'œdème pulmonaire ou cérébral, les engelures, l'hypothermie, la cécité des montagnes aussi. Au-delà de 7500 mètres, l'oxygène se raréfie tant que les cellules du corps dépérissent de façon irréversible. On ne doit pas l'oublier, les flancs de l'Everest emprisonnent 210 morts, figés pour l'éternité dans la glace. Atteindre le sommet n'est pas tout, les plus grands dangers surviennent lorsque l'alpiniste redescend du sommet. Des vents terribles, une visibilité nulle, l'épuisement, des réserves d'oxygène qui s'amenuisent inexorablement, de multiples imprévus, tous ces facteurs se combinent et peuvent se liguer contre celui qui a cru vaincre l'Everest. La montagne peut passer à l'offensive à n'importe quel moment. Pour dix élus au sommet de l'Everest, un alpiniste y laissera sa vie. Cette montagne tue, les alpinistes le savent, pourtant l'appel du sommet reste irrésistible. On en revient à cet éternel pourquoi. Seuls la passion, le rêve et le désir peuvent permettre de comprendre les motivations de celui qui entreprend l'ascension de l'Everest. Celui qui grimpe s'interroge peu, finalement, sur ce qui a bien pu le pousser aussi fort vers le sommet. Les raisons de ne pas aller sur l'Everest ne manquent pas, mais au bout du compte seul demeure le désir de relever le défi. Assurément, il y a une part d'irrationnel dans le projet Everest. Je ne parlerai pas de folie. Le fou serait celui qui partirait sans préparation, sans interrogation préalable. Pourtant, ce qui ne peut s'expliquer clairement contient forcément une part qui échappe à la raison seule. S'engager dans une expédition telle que l'Everest, c'est relever le défi de vivre une montée nourrie d'imaginaire et d'intuition.

L'aventure Everest est un rêve, un exploit qui doit se tenir aussi loin que possible de la folie. Une expédition de cet ordre doit être mûrement pensée, réfléchie, renseignée. Le risque zéro n'existe pas mais celui qui s'engage sur la voie de l'Everest doit tout mettre en œuvre pour réduire au minimum le danger. Je voulais vaincre l'Everest mais je ne voulais surtout pas y mourir. En tant qu'époux, père et grand-père, j'avais le devoir de revenir chez moi en bonne santé, le devoir et le désir.

Je devais donc entrer, autant que possible, en synergie avec ce milieu hostile à l'homme.

La méthode de préparation physique restait fondamentalement la même, progressive et raisonnée, mais elle devait, en plus, répondre aux spécificités propres au nouvel objectif.

Le toit du monde culmine à 8850 mètres, mesure la plus récente établie par la technologie de positionnement global par satellite. La montagne, en forme de pyramide, reconnaissable entre toutes, a trois faces bien distinctes : la face nord, la face sud-ouest et la face est. Plusieurs glaciers figent ses flancs. Le glacier du Khumbu, au sud-ouest, s'étend sur 18 kilomètres, tandis que celui du Kangshung, à l'est, ne mesure que 14 kilomètres ! Au nord, le glacier du Rongbuk, long de 13 kilomètres, affleure jusqu'au célèbre monastère de Rongbuk, au pied de la face tibétaine de l'Everest. Le Rongbuk ouest et le Rongbuk est, les deux glaciers secondaires, se situent également sur la face tibétaine de la montagne. Je vous épargnerai les ressauts rocheux, les ponts à franchir, les arêtes aiguës sur lesquelles un homme peine à tenir en équilibre. Cette simple description fait comprendre d'emblée les difficultés de l'ascension. Quelle que soit la voie choisie pour atteindre le sommet de cette montagne, elle requiert de réelles compétences d'alpiniste. En cas de danger, le « summiter », autrement dit le candidat au sommet, doit réagir au quart de seconde. Il ne peut donc compter que sur ses réflexes, son expérience, des automatismes acquis, en somme.

Le premier impératif était d'intégrer une réelle expérience d'alpiniste. Si Sagarmatha n'est pas la plus difficile des 8000 mètres, elle est tout de même réservée à des alpinistes chevronnés et expérimentés. Il me fallait donc capitaliser une vraie expérience de montagnard, automatiser les gestes qui peuvent sauver. Après quelques stages techniques à Chamonix, j'entrepris, pendant deux ans, l'ascension méthodique et progressive des plus hauts sommets des continents, le Toubkal au Maroc, le mont Blanc, le Kilimandjaro en Tanzanie et l'Aconcagua en Argentine. Chaque ascension me permit d'engranger tout un lot d'expériences essentielles tout en validant ma progression personnelle. Il est dommage que je ne puisse pas ici vous décrire chacune de ces expéditions car toutes furent riches en enseignements. Elles me donnèrent l'opportunité de rencontrer des gens très différents, des guides d'exception. Auprès de chacun d'entre eux, j'appris beaucoup de choses qui s'avérèrent essentielles lors de l'aventure Everest. Ces expéditions furent aussi de véritables aventures humaines avant d'être les étapes d'un apprentissage nécessaire. Mettre en œuvre des moyens spécifiques pour des contextes toujours très variés me permit d'éviter bien des écueils dans ma préparation Everest et dans son ascension ensuite. Des 4167 mètres du Toubkal, en Afrique du Nord, au colosse de la cordillère des Andes, l'Aconcagua, haut de 6962 mètres, ma préparation accumulait des heures de bonheur intense, de plaisir pur.

Vaincre des montagnes toujours plus hautes me permettait aussi d'observer de quelle manière mon corps réagissait à l'altitude. Le mal aigu des montagnes (MAM), le mal d'altitude, est le grand inconnu d'une expédition en haute montagne. Il est la conséquence directe de la difficulté d'un individu à s'adapter aux changements d'altitude. Il faut être capable d'en reconnaître les symptômes. Il est important de comprendre à quoi le summiter s'expose s'il passe outre aux règles élémentaires à suivre en présence des divers maux provoqués par la haute altitude.

Au sommet de l'Everest ou au niveau de la mer, l'air contient la même proportion d'oxygène, soit environ 20 %, mais la pression atmosphérique n'est pas la même. Celle-ci diminue à mesure que l'altitude augmente. Au sommet de l'Everest, la densité de l'air équivaut à 50 % de ce qu'elle est au niveau de la mer. L'air étant moins dense en haute altitude, chaque inspiration fait pénétrer moins d'oxygène dans le sang. Jusqu'à certaines limites, l'organisme est capable de s'adapter à cette raréfaction de l'oxygène si on lui en donne le temps. Comment ? La règle d'or pour éviter le mal aigu des montagnes est d'escalader graduellement, par étapes, tout en allant ni trop haut ni trop vite, permettant ainsi au processus d'acclimatation de se faire. Mais, en réalité, il est souvent difficile pour les alpinistes d'appliquer cette règle d'or, car ils sont soumis à plusieurs facteurs qu'ils ne peuvent contrôler, comme les limites imposées par le temps, les fenêtres météorologiques et la localisation prédéterminée des camps. Enfin ce qui importe est de ralentir l'ascension, voire de redescendre, lorsque des symptômes se manifestent et de se donner du temps, autant que possible, pour que l'acclimatation s'opère.

Le corps s'ajuste d'abord par une augmentation de la fréquence respiratoire : la respiration devient plus rapide et plus profonde pour mieux oxygéner le sang. La fréquence cardiaque s'accélère. Après quelques jours, l'organisme produit plus de globules rouges afin de transporter plus efficacement l'oxygène jusqu'aux tissus pour combler le déficit. La rapidité avec laquelle le corps s'ajuste varie d'un individu à l'autre. L'alpiniste doit donc savoir comment réagit son corps et quels sont les symptômes qu'il doit guetter, afin d'y remédier rapidement. Reconnaître les premiers effets du mal aigu des montagnes : grande fatigue, mal de tête, nausée, perte d'appétit, sensation de vertige, insomnie, évite d'en arriver à l'œdème pulmonaire ou cérébral. On en revient toujours là : il est essentiel de savoir réagir de façon appropriée. Connaître parfaitement son corps, l'entraîner, le préparer sont les fondamentaux de l'aventure. Je ne reviendrai pas ici sur la nécessité d'un bilan médical précis et fouillé. On comprend bien que connaître son rythme cardiaque en toute situation peut se révéler vital ici, pour ne parler que de ce point.

L'acclimatation sur l'Everest est un processus long, de près de huit semaines, pendant lesquelles on doit faire le yo-yo entre les différents camps, en fonction des réactions de son corps. Ce paramètre du temps était intéressant parce qu'il allait me forcer à gérer mes efforts, mon impatience et donc mon stress. Chaque jour, pendant près de deux mois, je devrais maintenir ma foi en l'objectif, persévérer malgré les difficultés. Il faut se méfier de ce facteur temps qui peut induire une lassitude, un découragement.

Deuxième point essentiel : la résistance, physique et mentale. Si la condition physique influe peu sur la faculté de chacun à s'acclimater à l'altitude, elle est en revanche une condition *sine qua non* de la réussite d'une telle expédition. Vaincre l'Everest, c'est deux mois d'efforts constants, un rush de quatre jours, dont un assaut final long de dix-huit heures. Être un bon alpiniste ne suffit donc pas, il faut encore être capable de résister physiquement à la longue violence de cette expédition. Marathons, trails et expéditions en montagne, le programme était assez simple à mettre en œuvre puisqu'il ne demandait que de la constance et de la discipline. Là aussi, comme ailleurs, le plaisir de la découverte palliait pour moi l'âpreté première de l'effort. Les 1800 kilomètres de pèlerinage du Puy-en-Velay, en France, à Santiago d'Espagne me permirent non seulement de visiter la France et l'Espagne autrement, c'est-à-dire plus lentement que l'on n'a l'habitude de le faire, mais aussi de cheminer sur le plan spirituel tout en gérant un effort quotidien sur le long terme, en compagnie de mon épouse. Il faut marcher chaque jour et être toujours capable de repartir le lendemain du bon pied. Sur une telle distance, l'enjeu est de gérer son effort, de savoir soigner son corps pour le ménager, de faire en sorte qu'il puisse récupérer toujours plus vite et mieux. Trois heures de sport en salle chaque jour et, cinq fois par semaine, pompes, tractions, vélo, un semi-marathon ou un semi-trail hebdomadaire : la variété des exercices excluait la monotonie et donc l'ennui. Mon corps devait être au maximum de ses capacités le jour J. Bien nourri, musclé tout en étant reposé, je n'aurais aucun problème physique pour résister à l'épreuve.

La résistance physique n'est rien sans la force de l'esprit. Partir sur l'Everest, c'est mettre sa vie familiale, sociale, sentimentale et professionnelle entre parenthèses pendant plus de deux mois. Que vous soyez au sein d'une expédition bien organisée, entouré d'une équipe, ne change rien au fait que vous serez toujours seul face à l'Everest. Il faut donc être capable de supporter cette solitude, de trouver en soi le ressort de la réussite. Il faudra résister au jour le jour, persévérer malgré les épreuves, passer outre les désagréments de l'expédition. Le maître mot sera toujours : « positiver ». Être seul face à soi-même dans une telle épreuve suppose que vous soyez fermement convaincu de votre possibilité de réussite. Vous ne pouvez pas échouer. Travailler sa motivation est un point essentiel. J'avais parfaitement conscience qu'au cours de l'assaut final je passerai à côté d'alpinistes malchanceux figés pour l'éternité dans les glaces. Il fallait que je sois prêt à affronter cette épreuve-là aussi. J'allais croiser la mort et, pourtant, je ne devrais pas douter de ma réussite personnelle. Ma foi en l'homme, en Dieu, serait alors mon alliée, plus que toute autre chose.

Le summiter est seul face au sommet mais il doit, malgré tout, vivre en équipe pendant quelques semaines, avec des gens qu'il n'a pas forcément choisis. Tous les autres sommets, je les avais vaincus avec des amis, avec des gens qui partageaient une certaine façon de voir les choses. Cette fois, je devrais composer avec des inconnus de cultures différentes, d'origines dissemblables, d'opinions diverses. La tolérance et la courtoisie en toutes circonstances seraient de mise. Cultiver une certaine sérénité mentale s'avère parfois on ne peut plus nécessaire.

Il fait très froid sur l'Everest et c'est bien là aussi un paramètre essentiel. En janvier, la température moyenne est comprise entre moins 36 degrés et moins 60 degrés. En juillet, le mois le plus chaud, il fait autour de moins 19 degrés. Quoi qu'il en soit, la température ne monte jamais au-dessus du point de congélation. Rien d'étonnant à ce que ce géant soit souvent appelé le troisième pôle ! L'essentiel de la neige tombe pendant la mousson, entre juin et septembre. Mais entre décembre et mars, les tempêtes d'hiver sont monnaie courante. À tout moment, une tempête subite peut balayer la montagne et laisser jusqu'à 2 mètres de neige au sol dans les endroits les moins exposés au vent. Au sommet de la montagne, les vents atteignent parfois 200 kilomètres à l'heure. Voilà ce qu'il y a à affronter là-haut, en plus de l'altitude. L'équipement, aussi high-tech qu'il puisse être, n'isole jamais totalement des morsures du froid. On est frileux ou on ne l'est pas de nature, c'est vrai, mais il est possible de s'entraîner à en supporter les effets au quotidien. Rien de plus sain que la méthode suédoise : sauna, douche froide et bains glacés ! Je vous assure, on finit par y prendre goût...

Tout en me préparant physiquement et mentalement, je devais aussi mettre en place toute la logistique de l'expédition. D'abord, je devais choisir quelle voie allait m'amener au sommet. On peut gravir l'Everest soit par la face nord-est, col nord versant tibétain, soit par le sud-ouest, col sud Népal et voie historique de la première ascension. Les summiters empruntent, en général, un de ces deux versants. Les autres voies sont rarement parcourues, le versant est étant d'ailleurs pratiquement vierge. Les autres grandes voies sont l'arête ouest et les couloirs Horbein et Norton. L'enneigement est différent suivant le versant, l'arête nord-est est très exposée au vent mais, certaines années, elle peut être presque dépourvue de neige. Les principales difficultés de l'ascension versant tibétain sont les risques éventuels de chute de séracs sous le col nord et le long parcours sur une arête, entre 8400 et 8850 mètres, qui n'offre aucune échappatoire en cas de problème. Par contre, les trois réseaux rocheux de l'arête ne posent guère de difficultés a *priori*, grâce aux échelles métalliques et aux cordes fixes. L'ascension versant sud se fait en trois temps. Après la traversée du mur de glace, il faut gravir la combe ouest, sous la face ouest du Lhotse, combe à fort risque d'avalanche. L'ultime difficulté était le célèbre ressaut Hillary qui, équipé maintenant de cordes fixes, n'est plus vraiment un problème. La face nord demande plus de temps, donc peut poser plus de problèmes liés à l'altitude. Après avoir lu de nombreux récits d'expédition, après avoir étudié les difficultés inhérentes à chaque voie, j'avais opté pour la face nord. Elle est techniquement plus difficile que la face sud, mais moins risquée tout de même puisque moins sujette aux chutes de glace. Une fois la chose arrêtée, j'avais passé de nombreuses heures à me familiariser avec cette voie. Photos, maquette, je n'avais rien négligé pour réduire autant que possible l'inconnu. Savoir exactement à quoi s'attendre est le meilleur rempart contre le stress.

Personne ne peut vaincre seul l'Everest, ne serait-ce que pour des raisons de logistique et de formalités administratives. Il fallait donc que je choisisse une organisation dédiée au toit du monde, menée par un chef d'expédition expérimenté. Nous en arrivons ainsi à la question très controversée des expéditions commerciales. Des guides professionnels conduisent au sommet des alpinistes amateurs, plus ou moins bien préparés, il faut l'avouer, pour une somme variant entre 20000 et 50000 dollars. Je sens que certains n'hésiteront pas à conclure que vaincre l'Everest n'est plus un exploit dans de telles conditions et que cette aventure n'est désormais plus qu'un passe-temps pour gens riches désœuvrés. Éliminons donc ensemble ces deux points. Ce sont bien des équipes commerciales qui vécurent la tragédie du 10 et 11 mai 1996, lorsque la tempête frappa. Malgré des tentes équipées d'ordinateurs au camp de base, et en dépit des tentatives des sherpas pour porter secours aux grimpeurs bloqués dans la montagne, rien n'a pu empêcher le drame. Huit morts en l'espace d'une journée ! Commercialisation ou pas, le danger demeure, la montagne ne se donne pas facilement.

Après des recherches poussées, de longues discussions avec des professionnels internationaux, mon choix se porta sur une expédition néo-zélandaise. Le leader était un spécialiste de ce type d'expédition et son organisation offrait plus de garanties que les autres. Il promettait notamment une assistance médicale très rigoureuse, particulièrement en cas d'hypothermie ou d'engelures. Ce point me semblait particulièrement important car je tenais à revenir en bonne santé, autant que faire se pouvait. Celui qui n'aime pas préparer son sac ou faire ses valises préférera partir pour la Martinique plutôt que pour le camp de base de l'Everest. Vous êtes en pleine forme physiquement et mentalement, vous avez le soutien de vos proches, vous avez choisi votre expédition et pourtant vous n'êtes toujours pas prêt. Non, vous devez passer de longues heures à réfléchir à vos bagages, au matériel nécessaire à une telle aventure. Pendant près de deux mois, vous allez devoir assurer votre quotidien et une épreuve physique de longue haleine. De quoi allez-vous avoir besoin sur les pentes de l'Everest ? Assurément, une paire de tongs et une chemise à fleurs ne suffiront pas !

Pour ne rien oublier, ne pas faire d'erreur susceptible de mettre en péril l'ascension, je devais absolument tout baliser, tout lister, tout contrôler. Mes ascensions précédentes m'avaient déjà permis de pallier certains oublis, d'améliorer ma logistique personnelle en l'enrichissant parfois, en l'épurant souvent aussi. Certains livres sur l'Everest m'aidèrent beaucoup également. Un de mes prédécesseurs avait souffert d'un sac de couchage inadapté, un autre de chaussures de montagne trop ou pas assez rigides. Il faut trois jeux d'équipement pour l'Everest seul, chacun d'entre eux devant être adapté aux trois paliers d'altitude, 2000, 5000 et enfin 8000 mètres. Ah, les allées du Vieux Campeur ! Une pièce suffisait à peine à entreposer tout le matériel de l'aventure Everest. La seule chose dont je n'avais pas à me préoccuper était l'équipement respiratoire nécessaire à l'assaut final. L'organisateur de l'expédition se chargeait, en effet, de fournir les bouteilles d'oxygène et les masques. L'intendance n'était pas non plus à ma charge. En bref, cet organisme semblait offrir les avantages d'une pension complète... Ce qui ne m'empêcha nullement de boucler un bagage de 120 kilos, chargement que je me fis un plaisir d'expédier par fret à Katmandou !

Partir vers le sommet de l'Everest, c'est aussi répondre à l'appel de l'Orient, à son envoûtement, sa séduction. L'Everest n'était pas pour moi qu'un rocher, aussi haut puisse-t-il être. Chomolungma, la déesse mère de la terre pour les Tibétains, Sagarmatha, la montagne dont la tête touche le ciel pour les Népalais, l'Everest semble être une entité vivante dont on peut craindre les pouvoirs surnaturels. Les croyances des sherpas balisent les voies sacrées de la déesse mère de la terre. Oublier la dimension mystique, culturelle et religieuse de l'Everest reviendrait, à mon sens, à ne faire que la moitié du voyage.

Dans toute expédition vers l'Everest, le recours aux sherpas est indispensable. Tous les récits font la part belle à la détermination, au dévouement et à la loyauté des sherpas. Le peuple sherpa est étroitement associé à l'histoire de l'Everest. Ce sont eux qui, chaque année, gravissent la montagne pour installer les camps et les cordes qui guident les alpinistes vers le sommet. Ils fixent les échelles qui servent de ponts pour franchir les crevasses sur le glacier. Ils acheminent le matériel des alpinistes de camp en camp. Pour moi, les sherpas sont les véritables héros de l'Everest. Si leur rôle est de toujours s'effacer pour que l'exploit revienne à celui qui les accompagne, ils n'en sont pas moins importants et indispensables. Un summiter ne peut vaincre l'Everest sans qu'un sherpa ne vienne s'attacher à chacun de ses pas. Loyaux envers ceux qui les emploient, ils n'hésitent jamais à porter secours aux grimpeurs en danger, même au risque de leur vie. Les sherpas paient un lourd tribut à l'Everest.

Bien avant de partir pour cette aventure, j'avais eu envie d'apprendre à connaître cette ethnie, sa religion, son environnement. Tâcher de les comprendre, de faire un pas vers eux plutôt que de n'être qu'un de leurs multiples clients, me paraissait être la seule façon d'aborder cette expédition d'une façon plus sensible, plus authentique. Il n'y a pas de véritable respect entre deux hommes sans une compréhension mutuelle. Sur les traces de Maurice Herzog, le héros de mon enfance, je partis donc découvrir l'Himalaya en 2002 au travers d'un trekking, le plus beau du Népal sans doute, le tour du massif des Annapurna, près de 500 kilomètres de pur bonheur. Je pensais découvrir des paysages saisissants de beauté, rencontrer un peuple, une religion... Ce fut bien plus que cela, je reçus une véritable leçon de vie pendant cette longue marche. Je n'oublierai jamais ces femmes que nous avons rencontrées sur notre chemin.

Si pauvres qu'elles puissent être, elles ne songeaient qu'à nous proposer leur aide, à nous, les nantis de la Terre. Leur sourire rayonnait d'un bonheur simple, lumineux. La plénitude s'offrait donc dans le dépouillement, la simplicité, la frugalité. Nous, les Occidentaux, cherchions en vain le bonheur dans l'abondance, la consommation, eux avaient appris depuis longtemps que celui-ci naît dans la simplicité d'un sourire. Ma propre foi religieuse ne pouvait que se renforcer, grandir au contact du bouddhisme. Monter vers le sommet de l'Everest était plus qu'un acte physique, c'était une démarche spirituelle profonde. Porté par la bénédiction d'un moine bouddhiste, je pouvais atteindre l'essentiel. Sagarmatha pouvait me faire entrer en résonance avec le monde.

En mars 2006, j'étais donc en phase avec l'aventure Everest. Je n'avais rien laissé au hasard. Tout était listé, contrôlé, planifié. Sauf le cancer évidemment...

Deuxième partie

L'AVENTURE DE L'EVEREST

Toujours plus loin, toujours plus fort, toujours plus haut...

5

Everest face nord

12-26 avril

Le mercredi 12 avril, de Nice à Katmandou…

Je pars avec deux semaines de retard mais je pars enfin. Il est 7h30, dans le hall de l'aéroport de Nice, des hommes d'affaires se pressent pour leur destination du jour. Moi, je marche vers mon rêve, un Everest de pierres et de glace. Avant de franchir le sas d'embarquement, sac à dos posé au sol, je glisse quelques derniers mots de réconfort à ma femme Josiane. Nous ne nous reverrons pas avant la mi-juin. Deux mois de séparation, c'est long et c'est déjà une épreuve en soi, pour moi et pour elle, surtout, qui reste à Cannes. Ce n'est pas la première fois que je la laisse seule mais tout est différent aujourd'hui. L'Everest est une destination à nulle autre pareille. Je ne lui ai pas caché les risques que j'allais prendre dans cette aventure, elle n'ignore pas que Sagarmatha peut avoir les caprices d'une déesse. Les semaines à venir ne seront pas faciles pour elle. Comme les femmes de marins, elle aura à vivre l'angoisse de l'absence, de l'attente. Je sais qu'elle a prié Sagarmatha de me laisser revenir. J'ai une petite prière, écrite de sa main, à déposer au pied de la montagne. Puisse la déesse être clémente pour nous deux... Aujourd'hui, et plus que jamais, je suis reconnaissant à Josiane d'être là, à mes côtés, de m'apporter un soutien sans faille, quoi que je puisse décider de faire. Avoir une épouse exceptionnelle est une chance que je mesure chaque jour mais plus encore là, dans cet aéroport, à quelques minutes de mon départ. Je lui reviendrai, j'en suis convaincu. Bientôt je serai de retour sur le sol français. Les au revoir sont toujours difficiles, celui-ci plus que les autres, sans aucun doute. Je manque de mots pour décrire l'émotion de cette séparation, je l'avoue. Je compte sur Olivier et Caroline, mes enfants, pour soutenir leur mère au quotidien, et aussi sur ma famille et les amis. Le temps passe si vite, je serai bientôt de retour. Je ne m'absente que le temps d'un rêve, après tout...

Mon avion décolle à 8 h 30. Katmandou est à dix-huit heures de vol de Nice, c'est peu et c'est beaucoup à la fois. Sous les ailes de l'avion, la baie de Nice brille, azur, avant de s'effacer pour les sommets enneigés des Alpes, mes montagnes familières du Mercantour. J'inaugure l'album photo de mon voyage en immortalisant leur beauté de tout début de printemps. Après un transit de deux heures à Munich, nous faisons relâche pour quelques heures à Doha, au Qatar. L'aéroport est ce qui se fait de mieux dans le genre. High-tech et luxe sont les maîtres mots ici. Autant en profiter avant le grand dénuement de l'Everest ! Un *lounge* très confortable m'offre un bel instant de détente, ce qui est loin d'être négligeable au regard de tout ce qu'il me reste à parcourir. Savoir saisir toutes les occasions de repos qui s'offrent à lui, c'est une chose que tout candidat au sommet doit apprendre ! Sa survie en dépend...

Le jeudi 13 avril, au paradis imaginaire des hippies

7 heures du matin, Katmandou enfin ! Ce nom est à lui seul un gage de dépaysement. Débarquer à Katmandou, c'est d'emblée être ailleurs. Kantipur, la cité glorieuse... Un sherpa et deux porteurs m'attendent à l'aéroport, sourire aux lèvres. Il fait doux dehors et le ciel est d'un bleu sans nuage. Des policiers, matraques à la main, patrouillent dans toutes les rues, et les routes principales sont jalonnées de barrages musclés. Tout cela n'a plus grand-chose à voir avec l'imaginaire hippie. La tension de ces derniers jours reste perceptible, même si le couvre-feu vient d'être levé. La ville semble trop calme, comme sous le contrecoup des émeutes récentes. La capitale du trekking est presque déserte, les touristes l'ont fuie, trop effrayés par cette situation politique dont on ne sait si elle ne va pas dégénérer dans les mois à venir. Les militaires nous laissent passer sans problème, pourtant, et je peux enfin

me poser au Tibet Hotel où l'on m'accueille avec une bonne nouvelle : mes bagages envoyés par fret ont enfin été réceptionnés. Un souci en moins, je ne me voyais pas affronter l'Everest armé de ma seule brosse à dents ! Tout est pour le mieux dans le meilleur des mondes...

J'ai deux jours pleins pour profiter de la ville, le temps d'obtenir mon visa pour la Chine et de pouvoir prendre le vol pour Lhassa, qui n'est assuré que toutes les quarante-huit heures. S'il ne tenait qu'à moi, je partirais aussitôt pour le camp de base. J'ai hâte de commencer mon acclimatation et les 1 500 mètres d'altitude de Katmandou ne m'avancent guère sur ce plan. J'ai par nature des difficultés à gérer mon impatience et le retard pris sur les autres membres de l'expédition fait monter en moi un sentiment d'urgence que je peine à refréner. Plutôt que de ruminer, je m'efforce donc de me concentrer sur les plaisirs possibles du moment présent. Tant pis pour la situation politique, je prends le risque de m'engager dans le dédale des rues étroites de Katmandou. La ville est comme dans mes souvenirs : sale, délabrée, désordonnée mais envoûtante. Enclavé entre deux montagnes, le vieux village s'est transformé en mégapole à la va-comme-je-te-pousse. Autour des temples en bois, les bicoques se sont entassées le long de ruelles si étroites qu'on pourrait craindre de s'y coincer. Arpenter le quartier de Thamel de long en large ne suffit pas toutefois à me faire oublier cette envie d'avancer toujours plus vite que je ressens depuis mon arrivée. Je connais la ville, je l'ai visitée lors de mon tour des Annapurna, ses curiosités n'occupent pas suffisamment mon esprit. À force de trop vouloir être là-bas, je ne parviens pas à être ici !

J'ai besoin de découvrir, de voir des choses jusque-là inconnues, pour tromper le temps. Comme je me sens en pleine forme, je décide de descendre un peu plus au sud, à Patan, la ville jumelle de Katmandou. De temple en temple, je déambule au gré des sites bouddhistes partout présents ici. J'aligne des kilomètres de marche sans aucun problème. Suis-je celui qui a été opéré il y a deux semaines ? Je finirais presque par en douter. Si ce n'est cette cicatrice bien visible sur le ventre, j'ai l'impression que tout cela n'est déjà plus qu'un vague souvenir. Le voyage ne m'a même pas fatigué. Je ne prends plus de médicament hormis un Dafalgan de temps en temps, et de moins en moins souvent. Oui, j'ai eu raison de m'obstiner, cette opération n'est décidément plus qu'un détail.

À chaque fois qu'il m'est possible, j'envoie un courriel à Caroline, ma fille, qui se charge de le diffuser à toute l'équipe Everest. J'aurais aimé emmener tout le monde avec moi dans ce voyage incroyable, ma femme, mes enfants, mes amis, mes médecins. C'est impossible si ce n'est par la pensée, je les sens près de moi chaque jour. Malgré la distance, je reste connecté avec chacun d'entre eux. Leur soutien, leurs pensées renforcent constamment cette énergie qui me pousse vers l'avant, vers ce plus haut auquel j'aspire.

Le vendredi 15 avril

Katmandou est une ville foisonnante et le voyageur imprévoyant peut facilement rater son avion s'il néglige de tenir compte des bouchons énormes qui ne manquent pas d'immobiliser les routes principales chaque matin. Nous partons donc dès l'aube vers l'aéroport. Ça m'est bien égal d'attendre mon avion trois heures ! L'important est de ne surtout pas le rater pour une heure de sommeil de plus. Nous nous envolons pile à l'heure pour Lhassa.

L'Himalaya déroule lentement ses sommets derrière les hublots. Juste au-dessus du fuselage, à la pointe de l'aile droite, le temps soudain suspend son vol. Une pyramide de roches et de glace reconnaissable entre mille autres... L'Everest est là. Des traînées de nuages blancs lui font un panache de fumée. Je m'approche enfin... Je suis là, juste au-dessus de ce point fixe dont je rêve depuis des années. Tout paraît si simple, si évident vu d'en haut. Je mitraille la déesse mère de la terre, elle ne m'en voudra pas. Sait-elle même que je suis là, juste au-dessus d'elle ?

Ce moment de bonheur total et serein est de courte durée car notre avion est bientôt secoué par un vent violent qui sévit dans la région depuis quelque temps. Les membres de mon expédition en souffrent d'ailleurs beaucoup au camp de base. J'ai réussi à joindre notre chef d'expédition par téléphone hier soir. Je l'ai trouvé un peu froid, distant, pressé de me donner ses instructions afin de pouvoir vaquer à d'autres tâches. Je le comprends, la logistique d'une telle expédition doit être une source de stress permanent.

Je pose enfin le pied sur le sol tibétain. Je suis sur le plus haut plateau du monde, à 3 600 mètres d'altitude, précisément sur la première marche de l'ascension de l'Everest.

Les 16 et 17 avril, Lhassa, 3 600 mètres

Initialement, je disposais de trois jours pour profiter des joyaux de Lhassa, la capitale du Tibet, mais je ne resterai que deux jours. J'ai un timing trop serré pour me permettre de trop longues pérégrinations touristiques. Pour avoir gravi bon nombre de sommets, je sais que je peux raccourcir cette nécessaire période d'acclimatation sans mettre ma santé en danger. Deux jours ne seront pas suffisants pour appréhender réellement la vie tibétaine mais je peux tout de même avoir un aperçu de ce qui m'attire tant. Le palais du Potala a de quoi laisser pantois. Derrière ses imposantes murailles blanches dorment des trésors de la culture tibétaine. Il faudrait des jours et des jours pour visiter tous les monastères égrenés dans les environs. Ma randonnée, si courte soit-elle, me mène de merveilles en merveilles. Il n'y a pas de plus bel endroit pour fêter Pâques. Tout n'est que spiritualité autour de moi et la ferveur du peuple tibétain, palpable à chaque coin de rue, renforce ma propre foi. Ici, on ne peut douter, ici, la foi prend une résonance incomparable. Je suis loin des miens en ce temps de recueillement chrétien mais mes prières s'unissent aux leurs par-delà les kilomètres. Si Lhassa est un haut lieu de pèlerinage pour les Tibétains, c'est aussi pour moi l'une des portes d'un cheminement spirituel entrepris il y a bien longtemps. L'Everest n'est pas qu'un exploit sportif, cela n'aurait pas vraiment de sens, l'Everest est, au-delà de tout, l'acmé d'une recherche personnelle, d'un épanouissement désiré.

Sur le plus haut plateau du monde, à vingt heures de vol de votre maison, au beau milieu du Potala, vous êtes en droit de penser que vous êtes dans un lieu totalement étranger, inconnu. En théorie, rien de familier ne devrait vous détourner de cette immersion au cœur de l'inconnu. Vous êtes là, le nez en l'air, bouche bée d'admiration, hors du temps, à mille lieues de votre quotidien. Et voilà que la France vous rattrape au détour d'un temple ! Ce visage vous est familier, vous en êtes certain… D'ailleurs, toute la France connaît ce visage, cette voix, ce phrasé particulier. Patrick Poivre d'Arvor à Lhassa ! Que le monde est petit…

Le lundi 17 avril,
Xigatse, 3 900 mètres

L'Everest n'est toujours pas à portée de vue. Qu'il est long, le chemin qui mène au pied de la déesse mère ! Nous voyageons dorénavant en voiture. Nous traversons de larges vallées sous un ciel couvert. Des averses de pluie et de neige, des rafales de vent balaient les montagnes arides, les roches couleur ocre. J'imagine les torrents d'eau qui dévalent ici à la fonte des neiges. La route tire un trait d'asphalte au beau milieu d'un désert impressionnant. Après quatre heures trente d'un trajet sans étape, nous nous garons enfin à Xigatse, la dernière ville tibétaine avant la montagne. Je n'aurai pas le temps de visiter le monastère de Tashilungpo, l'ancienne résidence du Panchen Lama. C'est dommage car, chaque année, des milliers de pèlerins se rassemblent ici, à 3900 mètres d'altitude. Peu à peu, la deuxième ville tibétaine s'est transformée, malheureusement, en un vrai centre commercial à la chinoise. C'est à cela sans doute que je dois d'avoir fait ces 270 kilomètres sur une route en parfait état. Maigre consolation...

Le mardi 18 avril, en route vers Zegar

Mon Dieu, que je regrette la route de Xigatse ! Il y a des heures comme cela où on ne peut s'empêcher de bénir certaines avancées de notre civilisation... Plaisanterie mise à part, les pistes de montagne qui nous conduisent à Zégar nous secouent comme des pruniers à la belle saison. Cette fois je dois m'accrocher, et l'expression est à prendre ici dans son sens littéral. De trou en ornière plus ou moins profonde, le 4 × 4 crapahute dans un nuage de poussière. Soudain, je comprends l'utilité d'un véhicule à quatre roues motrices... Je suis seul à bord à côté d'un chauffeur chinois qui, heureusement, semble parfaitement maîtriser son sujet. Malgré tout, mon corps n'est pas près d'oublier ces six heures d'épreuve ! Dans ces conditions, on ne garde que peu de souvenirs des paysages. Je crois n'avoir pas quitté la piste des yeux un seul instant ! Je suis soulagé et heureux d'arriver à Zégar. Les hauts plateaux tibétains... Et là-bas, au loin, une pyramide de roche et de neige brise la ligne d'horizon pour tutoyer le ciel. Je fais un signe au chauffeur. Il se gare, je sors lentement du 4 × 4. La gorge serrée, l'estomac noué et ce cœur qui n'en peut plus de battre à tout rompre... L'Everest est là, devant moi. C'est étrange, cette impression de n'avoir vécu jusque-là que pour cet instant. J'aimerais une seconde d'éternité. C'est notre premier face-à-face, notre première vraie rencontre et je peine à quitter des yeux Sagamartha. L'instant où paysage rêvé et paysage réel se superposent enfin vibre d'une émotion incroyable. D'où vient le pouvoir hypnotique de cette masse de roche impénétrable ? Je remonte dans la voiture, les yeux humides. Je sais que jamais je n'oublierai ce moment-là. 60 kilomètres entre elle et moi. Je m'approche... L'Everest disparaît, je ne le reverrai que dans quelques jours.

Les 19 et 20 avril,
Zégar, 4342 mètres

J'ai pu maîtriser mon impatience assez facilement jusque-là, mais depuis que l'Everest a découpé mon horizon, je n'ai de cesse d'avancer toujours plus loin, toujours plus près en fait. Malgré les recommandations, je choisis de raccourcir d'une nuit mon étape à Zégar. Je ne resterai que vingt-quatre heures. Il faut absolument que je sois sur le terrain dans les plus courts délais. J'ai hâte de revoir Sagarmatha, elle m'attire plus que jamais. Je ne ressens pas vraiment les 4342 mètres d'altitude. Je dors bien, je n'ai pas de maux de tête, je mange correctement. Nous partons sous un ciel bleu pur. Très vite, nous devons nous soumettre à un premier contrôle de visa, tout est très réglementé ici, les Chinois ne plaisantent pas.

Quand son premier enfant naît, on a toujours l'impression qu'on ne prendra jamais assez de photos de lui. On l'immortalise à chaque seconde de sa toute jeune vie et sous tous les angles. On ne veut pas rater quoi que ce soit, on voudrait tout avoir sur pellicule. Je ressens exactement la même chose aujourd'hui. Tout est si grandiose et si sublime autour de moi. Les montagnes himalayennes sont incroyables de beauté. Le blanc de la neige, les dégradés de gris jusqu'au noir profond, les ocres chaleureux, peignent sur le bleu du ciel un tableau de maître. À chaque virage, à chaque tour de roue, je découvre un peu plus cette merveille.

Par peur d'oublier ne serait-ce qu'un détail, par envie de tout partager plus tard avec ma famille, mes amis, je mitraille non-stop.

Le parc Everest... Ça y est, le rêve est engagé. Cette fois, j'y crois.

Après une montée assez ardue, je découvre enfin mon point de chute. Il est 13 h 30, un village de tentes multicolores ondule au pied d'un panorama souverain. J'y suis ! Au seuil du camp de base, je respire ma première bouffée de bonheur absolu. Beau, grand, formidable, tous les adjectifs sont bien en deçà de ce qui se joue ici, sous mes yeux.

Merci, mon Dieu. Tout commence...

Le vendredi 21 avril, camp de base Everest, 5 200 mètres

Une myriade de tentes colorées s'étend sur un plateau de roches grises balayées par le vent. Rouge, vert, orange, le camp claque sur fond de montagnes enneigées. Un sherpa et deux journalistes qui travaillent pour Discovery Channel viennent m'accueillir, le sourire aux lèvres. Notre expédition est filmée de bout en bout. Ah bon ? Je l'ignorais.

Je suis gentiment pris en charge. On me montre ma tente, un petit dôme rouge parmi tant d'autres, avant de me faire visiter les grandes tentes communes. La cantine est surprenante de convivialité. De petits bouquets de fleurs artificielles roses sont suspendus çà et là, au-dessus de la grande table. Des sherpas s'affairent à côté, dans la cuisine de toile. Rien ne bouge par contre aux alentours de l'infirmerie. Le docteur de l'expédition, Terry, est déjà plus haut, avec les autres, au camp de base avancé.

À quelques pas de notre installation s'amoncelle un nombre impressionnant de tentes entourées d'une quantité incroyable de bidons bleus de transport. Mais combien seront-ils à nous suivre tout au long de notre ascension ? Tant de monde pour un film, tant de monde autour de nous, tant de monde à nous observer jour après jour...

Le vent agite des fils tendus de petits drapeaux tibétains. Les prières s'envolent au vent comme autant d'incantations à la déesse mère. Chaque expédition a été bénie par un moine sherpa. Je n'ai pas eu le droit à la cérémonie d'offrandes traditionnelle, je le regrette. J'aurais aimé me recueillir avec tout le monde. Entre les pierres des autels rudimentaires, des bâtons d'encens brûlent presque en permanence. Je prie seul la déesse mère, je prie Dieu avec toute la ferveur de mon âme. J'ai des promesses à tenir, celle de revenir vivant, celle d'être raisonnable quoi qu'il puisse arriver.

Un autel pour chaque expédition... Nous serons beaucoup cette année à tenter le sommet. Je ne sais pas si je dois m'en réjouir. En tout cas, je suis impressionné par la taille du camp de base et par l'ordre qui semble y régner. L'organisation paraît être à la hauteur de mes attentes. En tendant l'oreille à droite et à gauche, je finis par comprendre que le camp est endeuillé par un drame récent. Un jeune sherpa de notre expédition est mort il y a quelques jours, à 6 200 mètres d'altitude. Un œdème pulmonaire… Je comprends mieux soudain la précipitation de notre chef d'expédition au téléphone. Il connaît tous ses sherpas et j'imagine à quel point il a pu être affecté par ce décès. Ce drame me fait entrer brutalement dans le vif du sujet. Je ne dois pas négliger cette période d'adaptation à l'altitude, la montagne ne me le pardonnerait pas. Si je veux atteindre mon objectif et rentrer à la maison sain et sauf, je dois absolument maîtriser ma nature impatiente. Je m'obligerai à doser mes efforts, à maintenir ma condition physique sans jamais pousser mon corps au-delà de ses limites. Les œdèmes cérébraux et pulmonaires tuent fréquemment à cette altitude. Dans le meilleur des cas, ils contraignent le summiter à redescendre au plus vite. Donner du temps au temps… Je crois qu'il est urgent de saisir tout le sel de cette fameuse expression. Ces quatre dernières années, j'ai passé beaucoup de temps à étudier chaque réaction, chaque paramètre de mon corps. C'est le moment où jamais de mettre ce savoir en pratique. S'écouter, réagir immédiatement aux moindres symptômes annonciateurs du mal des montagnes… Il ne s'agit que de cela, cette première semaine. La tente sanitaire nous offre tout un panel d'instruments pour contrôler jour après jour notre état physique. Grâce à l'oxymètre, je pourrai notamment contrôler la pression d'O_2 dans mon sang et évaluer ainsi fréquemment l'adaptation de mon corps à l'altitude.

Être raisonnable, c'est savoir se reposer aujourd'hui, complètement, sans même songer à explorer les alentours. Nous sommes à 5 200 mètres d'altitude et j'ai donc avalé un dénivelé de 3 700 mètres en cinq jours, de Katmandou au camp de base, soit un dénivelé de 750 mètres par jour au lieu des 400 conseillés. Il me faut intégrer cette progression rapide lentement, tranquillement, dussé-je ronger mon frein.

Quand je pense que le mont Blanc ne fait que 4 810 mètres...

Le samedi 22 avril

Ouvrir sa toile de tente sur un tel paysage est une jouissance pure et simple. Suis-je bien certain de ne pas rêver ? Des sherpas s'interpellent à l'autre bout du camp, les drapeaux claquent au vent. L'air vif efface toute trace de sommeil. Pas de doute, je suis bien sur l'Everest ! Je me sens en forme, je m'étire avec satisfaction. La journée de repos d'hier m'a été bénéfique. Je n'ai pas de maux de tête, pas d'autres troubles non plus. J'ai dormi, même si mon sommeil a été léger et difficile à dénicher. Sombrer dans les bras de Morphée demande de la concentration, de la volonté à cette altitude. Le sang pulse dans les tempes, le cœur bat plus vite, même au repos. Si je n'y prends pas garde, l'insomnie risque fort d'être ma compagne de voyage... Le vent chahute les tentes et la température est très basse, moins 20 degrés environ.

Terry est revenu au camp de base hier soir pour accompagner un caméraman de l'équipe de Discovery Channel. Ce dernier souffre de maux de tête et doit absolument récupérer quelques jours à cette altitude. Moi, je suis ravi de rencontrer enfin un des membres de mon équipe. Terry est venu pour tenter le sommet, mais, comme il est médecin et spécialisé dans le sauvetage en haute montagne, il est aussi, de fait, la référence médicale de l'expédition. Nous discutons un peu, en anglais, *of course*, puisqu'il est américain, et nous décidons tous deux que je peux me permettre une petite sortie test aujourd'hui. Un dénivelé de 300 mètres sur sentier, une marche de deux heures trente... Soyons raisonnables ! C'est parti, enfin ça part très lentement à vrai dire... Une bonne dose d'oxygène en moins et tout devient plus difficile. Chaque pas requiert un effort, chaque souffle est laborieux, l'essoufflement presque immédiat. J'adapte automatiquement mon rythme de marche, de toute manière je n'ai pas d'autre choix que cette nécessaire adaptation. Un pas après l'autre, lentement, tranquillement. Ces deux adverbes s'imposent décidément comme les passages obligés de mon aventure. Personne ne vit à un rythme trépidant passé les 5 000 mètres ! Peu importe, je suis heureux, c'est là l'essentiel. Ce premier test est concluant, mes pieds aiment le contact du sol himalayen ! Je suis à deux doigts de m'extasier sur la moindre pierre, sur le moindre carré de pente neigeuse. Je suis de retour pour le déjeuner mais je n'ai pas très faim. J'ai très soif en revanche. Ici, l'hygrométrie plafonne à 0 %, il faut donc veiller à se réhydrater constamment. Boire 4 à 5 litres d'eau par jour, c'est juste un coup à prendre. Au final, le plus embêtant est de devoir se lever la nuit pour évacuer toute cette eau, par moins 20 !

Après trois heures de repos, de sieste toute relative, je me sens bien. J'ai à peu près récupéré, mais je ne peux nier que j'ai quelques progrès à faire pour être au top.

Si mes bagages étaient arrivés, tout cela serait presque trop beau. Mais où sont-ils donc ? Terrassés par le mal des montagnes, ont-ils dû faire des étapes plus longues que prévu ? Mes 120 kilos d'équipement se baladent quelque part sur les hauts plateaux tibétains. Ils profitent du voyage pendant que moi je m'accommode de ce que les sherpas, serviables, ont pu rassembler à mon usage. Qu'y faire ? Patience, courtoisie, j'apprends à pratiquer la philosophie bouddhiste. Tout sert finalement, même les ennuis...

Le dimanche 23 avril

Mes couchers de soleil sont plus beaux que mes nuits. Je ne sombre toujours pas dans le sommeil, je le traque. La nuit a été longue, agitée mais pas désagréable malgré tout. Heureux de ma première randonnée, je n'avais que du bonheur à ruminer en attendant le sommeil. Aux premières lueurs de l'aube, je suis de belle et bonne humeur. Sur une échelle de 1 à 10, mon moral colle au maximum.

Il y a deux façons d'envisager l'acclimatation à la haute altitude : la plus passive consiste à se reposer en attendant que le corps fasse son travail, la plus active prône un entraînement physique régulier et progressif. Chacun choisit selon sa nature et, si vous m'avez suivi jusqu'ici, il est inutile d'épiloguer sur le sujet, vous savez quelle méthode me convient le mieux.

Terry et moi avons programmé pour aujourd'hui un dénivelé de 400 mètres, une pente directe de rochers et de glace. Le but du jeu est de tester mon niveau d'adaptation, ma capacité de résistance à l'effort physique et d'évaluer les conséquences éventuelles de l'intervention chirurgicale d'il y a trois semaines déjà, des semaines qui me paraissent des siècles depuis que je suis ici. Je boucle mes trois heures et demie d'efforts le sourire aux lèvres. J'en viendrais presque à douter de la réalité de ce cancer du rein. Je n'ai ressenti aucune douleur. J'ai une pensée émue pour les médecins de ma *dream team*. Sans eux, je ne serai pas là. Merci, une fois encore...

Marcher ouvre l'appétit à une altitude raisonnable, mais ici rien ne fonctionne comme ailleurs. L'intendance de l'expédition nous propose une nourriture variée, peut-être pas toujours à mon goût mais très honnête, pourtant je mange peu, sans doute pas assez au regard des efforts fournis. L'Everest est le régime miracle, la panacée pour qui rêve de perdre du poids.

Trêve de plaisanterie, il faut aussi se concentrer sur les besoins de son corps et ne pas se laisser aller, sur quelque plan que ce soit. Il faut manger le mieux possible, se nourrir plus souvent et en plus petites quantités pour contourner le manque d'appétit.

Le lundi 24 avril

Progression et consolidation sont les deux pans incontournables de cette ascension. Mes deux premières sorties m'ont convaincu de mes possibilités, de mes ressources. Aujourd'hui, une marche de deux heures et demie au niveau du camp me paraît tout à fait suffisante. Comme le vent s'est levé, la température a immédiatement chuté. Voilà qui rend ma sortie du jour vivifiante ! Soyons honnêtes, l'atmosphère est soudain bien glaciale. Bienvenue au pays du yéti légendaire... Le froid s'installe plus qu'il n'est accoutumé en cette saison. La température est le paramètre auquel on pense le moins dans l'adaptation à la haute altitude, et pourtant, sur l'Everest, il n'est pas rare de passer de moins quelques degrés à moins 20 en quelques heures. Mieux vaut prendre sa douche à midi plutôt qu'à 18 heures, ici !

Si mes bagages veulent bien me rejoindre, il serait temps qu'ils fassent un petit effort car je pense être prêt à monter jusqu'au camp de base avancé, l'ABC en abrégé, dès mercredi, soit le 26, trois jours plus tôt que ne le prévoyait mon programme. J'ai hâte de rejoindre les membres de l'expédition, j'avance seul depuis douze jours et une bonne ambiance d'équipe commence à me manquer. Les sherpas vivent entre eux et ne communiquent avec moi que pour l'essentiel, ce que je comprends tout à fait. Du coup, j'aspire à quelques bavardages, au partage d'expériences.

Le mardi 25 avril

Je crois rêver! Mes bagages ont entendu mes prières. C'est le bonheur total et inattendu de cette journée. Un équipement plus chaud, plus confortable, plus léger, pour aller plus haut... Que puis-je demander de mieux? Ma décision est prise, je m'organise avec un sherpa pour partir dès demain matin vers l'ABC, le camp de base avancé. Demain soir, nous serons au camp intermédiaire à 5 800 mètres, le lendemain à l'ABC, à 6 400 mètres. Je consacre la journée à la vérification de mon équipement, de mes bagages. Rien ne s'improvise ici, la moindre défaillance peut être fatale. Ne rien oublier, ne rien transporter d'inutile. Je trie, plie, classe mon nécessaire. Le tout sera chargé sur le dos d'un yack. J'envoie un courriel à ma fille Caroline avant de m'isoler dans ma tente. Il nous sera plus difficile de communiquer à partir de demain. Je veux que ma famille, mes amis sachent que mes pensées ne les quittent pas. Il est toujours aussi difficile de trouver le sommeil, mon esprit répète et récapitule sans cesse les étapes à venir, camp intermédiaire à 5 800 mètres, ABC à 6 400, camp 1 à 7 000, camp 2 à 7 500, camp 3 à 7 900, camp 4 à 8300, et l'assaut final... Je suis en route vingt-quatre heures sur vingt-quatre, perpétuellement tendu vers le but ultime. Pour me garder de trop anticiper, je force mon esprit à ne se concentrer que sur l'étape du lendemain.

6

À l'assaut !

26 avril-15 mai

Le mercredi 26 avril, de 5200 à 5800

Je m'engage sur le sentier juste derrière le sherpa qui m'accompagne aujourd'hui. Je jette un dernier coup d'œil au camp de base, je ne compte pas y revenir avant quelques semaines. J'adresse une dernière prière à la déesse mère car c'est ici et maintenant que tout commence véritablement. Un froid glacial nous enveloppe tandis que nous louvoyons à travers les moraines. Nous avançons à pas lents et pesants, nous progressons entre les pénitents blancs, surprenants de beauté et de force. Penchés vers nous, tels des moines de 50 mètres de haut encapuchonnés de neige, ils semblent saluer chacun de nos souffles laborieux. Ces séracs érodés portent bien leur nom, ils prient éternellement au pied des glaciers sur lesquels nous dormirons ce soir. Tout est grandiose ici, et nous sommes si petits ! Chaque mètre se mérite à cette altitude et la journée s'étire dans une somme d'efforts constants et douloureux. À mi-chemin, le vent se lève, la neige tombe drue. Il fait de plus en plus froid et l'air glacé s'infiltre par le moindre interstice. Il est temps que nous arrivions. Nous nous réfugions sous notre tente, maigre abri secoué par des rafales qui ne semblent pas vouloir mollir. L'eau bout sur nos petits réchauds de camping et nous serrons nos doigts glacés autour du bol de thé noir. Après cette première longue marche de six heures trente, je suis épuisé mais satisfait. Mon corps a bien réagi et mon sac à dos ne m'a pas du tout gêné. C'est encourageant. Je me glisse dans mon sac de couchage, glissière remontée jusqu'au menton. Je ferme les yeux avec le vain espoir d'être emporté aussitôt au pays des rêves. À 5 800 mètres, on ne peut guère espérer un repos vraiment réparateur, mais on peut toujours essayer. Peine perdue, d'autant plus que le vent a décidé de me compliquer les choses cette nuit : il cherche à arracher la tente. Notre abri est secoué dans tous les sens, nos murs de toile s'écrasent contre le sol, se regonflent aussitôt, vibrent et sifflent à n'en plus finir. La nuit est longue, je guette l'aube. Enfin, le jour se lève...

Le jeudi 27 avril, de 5 800 à 6 400

30 centimètres de neige fraîche ouatent notre campement ce matin. Nos tentes ont pris des allures d'igloos dont nous nous extirpons pour un monde d'un froid lumineux. Tout cela ne va pas faciliter notre ascension

vers les glaciers : sous la couche de poudreuse la voie est indécelable à l'œil nu. Nous partons dès l'aube, je marche dans les traces de mon sherpa, je compte sur son expérience pour nous mener à bon port – bon campement, pour être exact. Je ressens plus que jamais les effets de l'altitude. Chaque pas semble peser une tonne et j'avance difficilement. Un pas, puis un autre, un autre encore... Le corps penché en avant, j'enfonce un pied après l'autre dans la neige. J'ai conscience de chacune de mes inspirations. À chaque instant, je suis à bout de souffle et mon cœur bat vite. Les deux mains appuyées sur un genou, je m'oblige à de belles pauses. Respirer lentement, profondément et en profiter pour s'imprégner de la majesté du paysage... Je souffre mais la montagne me paie en retour pour chaque inspiration difficile. L'altitude est une chape de plomb qui pèse sur mon torse et comprime mes poumons. L'épreuve est là mais je dois l'assumer. J'ai beaucoup de chance car je ne décèle aucun symptôme annonciateur de troubles plus graves. Les heures s'enfilent les unes après les autres, de mètres gagnés en mètres gravis. Des taches de couleurs au loin nous redonnent un sursaut de courage, nous arrivons enfin. 6 400 mètres au-dessus du niveau de la mer ! Mon leader néo-zélandais vient à notre rencontre. Je suis heureux de le voir enfin, mais tout le reste de l'équipe a quitté l'ABC ce matin pour le col nord. Tant pis, je patienterai jusqu'à demain matin pour les rencontrer. Je m'installe au camp de base avancé pour quelques semaines. À partir de ce point, nous allons jouer au yo-yo, de camp intermédiaire en camp intermédiaire, jusqu'au sommet. Monter puis redescendre, monter encore, redescendre encore, avec pour seule variable notre adaptation à l'altitude...

Le vendredi 28 avril, ABC, 6 400

À l'ouest, à l'est, au nord, au sud, quel que soit le point cardinal, mon regard est subjugué par la beauté de ce qui m'entoure. Assis sous le petit dôme rouge de ma tente, je contemple la plus belle vue du monde. Le sommet s'empanache de volutes de neige tandis que le vent découvre les pierres grises du plateau sur lequel est perché l'ABC. Les plus beaux sommets de l'Himalaya nous font comme une couronne de pics enneigés. Je bouge peu et doucement, mon corps récupère très lentement de la marche d'hier. Je m'accommode comme je peux des inconvénients de l'altitude. Mon cœur est une pompe dont je ne peux qu'avoir conscience. Beaucoup de choses sont en œuvre, je le sens, je m'adapte. Le simple fait de vivre ici est un effort en soi. Je m'installe, chaque geste est mesuré, simplifié. Tout en vaquant à mes petites tâches, je ne cesse d'observer du côté du col nord. Au loin, de minuscules fourmis noires descendent en file indienne. Les membres de mon expédition rejoignent l'ABC, les uns après les autres. Dans les visages blancs de crème, les yeux parlent d'épuisement, trahissent le manque de sommeil. Il y a aussi le bonheur du premier exploit accompli. Je les envie, en fait. J'ai hâte d'être à leur niveau...

Serrés les uns à côté des autres, autour de la table de notre cantine de toile, nous partageons notre premier repas en commun. Les hommes sont fatigués, mangent peu et guettent le moment de s'allonger dans leur sac de couchage. La conversation traîne, en anglais, et s'écarte peu du sujet qui nous vampirise tous. Il ne s'agit que de l'Everest... De quoi pourrait-il s'agir d'autre en vérité ? Mes compagnons viennent d'un peu partout dans le monde mais ils ont tous une chose en commun : l'obsession du sommet. Nous nous retirons tous très tôt, nous avons tous une longue nuit à apprivoiser...

Les 29 et 30 avril, de 6 400 à 6 700

Tout est très calme au camp, les hommes récupèrent des efforts de la veille et vivent au ralenti. Nous partons pour une petite progression de deux heures trente sur les glaciers. Rentrés dès midi, chacun s'engouffre sous sa tente pour un après-midi de repos. Les heures s'étirent dans l'attente, le temps a de ses longueurs... La nuit n'accélère rien, bien au contraire. Le vent qui secoue les toiles de tente, le craquement des glaciers, la toux des uns et des autres, le moindre bruit me réveillent et me volent quelques heures de repos. Entre sommeil et songes éveillés, j'aborde l'aube avec soulagement. Le tout est de n'être pas trop mal, d'avoir la force de patienter jusqu'au mieux du lendemain. Rien de particulier n'est prévu ce dimanche, je vais donc faire un peu de ménage dans ma minuscule maison de l'ABC. Le but du jeu est de m'aménager un petit espace de repos plus confortable. Nous sommes au centimètre carré près, sous nos toits de toile rouge ! Le soleil est l'invité de la journée, alors chacun en profite pour faire un peu de lessive, une toilette plus complète que les autres jours. Je prends mon courage à deux mains pour prendre une douche. À cette altitude, l'opération demande une bonne dose de volonté et de persévérance. Une pompe à main pour se doucher, j'ai connu mieux dans ma vie de voyageur...

D'une chose à l'autre, j'en profite pour apprendre à mieux connaître mes partenaires d'aventure. C'est étrange, mais chacun d'entre eux semble chercher à se prouver quelque chose. Le plus voyant des membres de notre équipe est le *biker* de Los Angeles, Tim. Plus grand, plus costaud que quiconque, il est aussi plus expansif, plus extraverti. Drapeau américain sur le blouson, sur le dôme de sa tente, il affiche ses couleurs. Il est le seul à n'avoir pas réussi à atteindre le col nord il y a deux jours. Il a préféré faire une petite sieste au pied de la pente de neige plutôt que de tenter d'atteindre son sommet. Il avait beaucoup de retard sur les autres et sa taille joue contre lui plus qu'elle ne l'avantage ici. En plus, ses os sont bardés de fer depuis un accident de moto. Je crois qu'il a besoin de montrer qu'il n'est pas limité malgré cela.

Terry, l'autre Américain de l'expédition, est plus discret, plus réservé. Son expérience de médecin le contraint à porter secours à tous ceux qui souffrent de l'altitude. Ses connaissances lui donnent un statut à part, bien qu'il soit, comme nous, un candidat au sommet. C'est un jeune homme agréable, mais je suis un peu frustré de ne pouvoir échanger davantage avec lui. De manière générale, nous parlons peu entre nous. Comme je suis arrivé très en retard par rapport à tous les autres membres, je reste un peu en retrait. Les groupes se sont déjà constitués par affinités. L'ambiance est bonne mais très différente de ce que j'ai pu connaître lors de mes autres expéditions. Chacun est concentré sur ses objectifs et il ne me semble pas que nous œuvrions tous ensemble pour le même but. Il ne s'agit pas d'amener l'équipe au sommet, non, nous sommes tous des solitaires et chacun d'entre nous ne pense qu'en fonction de ses propres paramètres, ne travaille que pour sa réalisation personnelle. En fait, il n'y a pas de dynamique de groupe. Nous sommes seuls tous ensemble. Je le regrette sans aucun doute. L'Everest demande peut-être trop d'efforts pour que l'individu puisse se tourner vers autrui. Nous sommes obligés de nous replier sur nous-mêmes, tout simplement. La discipline est stricte à l'ABC, sérieuse et concentrée. La plupart des membres sont des professionnels de la montagne qui ont déjà aligné plusieurs 8000 mètres, d'autres sont des semi-professionnels sponsorisés par des marques, quelques-uns plaident pour une œuvre à but humanitaire. Quelles que soient les motivations de chacun, le sommet est la priorité absolue. Nul ne se disperse en conversations oiseuses.

J'ai croisé Brett, un pompier américain, deux ou trois fois dans le camp aujourd'hui. Même si nous prenons nos repas autour de la même table, je sais peu de chose de lui. De nous tous, il est celui qui souffre le plus de l'altitude. Il ne dort quasiment pas et se nourrit peu. L'expédition lui est offerte cette fois parce qu'il n'avait pas pu dépasser le niveau de l'ABC lors de sa première tentative Everest l'année dernière. Nous nous sourions, l'homme a l'air très sympathique, mais il est, pour l'heure, très renfermé. Je devine sa souffrance, et son mal-être. Certains d'entre nous ne semblent pas faits pour la haute altitude. C'est une donnée qu'on ne peut qu'apprendre sur le tas, malheureusement. Dieu merci, mon corps supporte bien l'épreuve jusqu'à présent. Brett et Mogens, le plus jeune membre de notre expédition, un athlète de haut niveau, fonctionnent souvent en binôme à première vue. Mogens vient du Danemark, un pays sans montagne ! Il espère être le premier asthmatique à vaincre l'Everest sans oxygène.

Sur le chemin entre ma tente et la cantine, je salue Marc, un Néo-Zélandais d'un courage incroyable. Il a perdu ses deux jambes lors de l'ascension d'une des montagnes de son pays. S'il atteint le sommet, il sera le premier homme à avoir vaincu l'Everest sur des prothèses. Que de « premières fois » à nous tous ! Le premier asthmatique à grimper sans oxygène, le premier amputé à atteindre le sommet, le premier à gravir l'Everest après une ablation du rein…

Comme tous les soirs depuis notre arrivée à l'ABC, notre chef d'expédition nous fait un point sur la situation, après dîner. Nous l'écoutons religieusement car il est celui qui, ici, possède le plus d'expérience sur l'Everest, celui qui détient aussi toutes les informations venant de l'extérieur. Après tout, je l'ai choisi pour sa maîtrise du sujet ! Qu'allons-nous faire demain ? Que nous dit la météo ? Où en sont les sherpas dans l'installation des camps 1, 2, 3 et 4 ? Une fois toutes ces questions évoquées, nous regagnons nos sacs de couchage. À 19 heures, jamais plus tard, je cherche déjà le sommeil. De ce côté-là, les choses s'arrangent.

Le lundi 1er mai, ABC

Du moins, cette nuit aurait filé plus vite si le vent n'avait pas bousculé le camp toute la nuit. Le bout du nez complètement gelé, je cherche le réconfort au fin fond de mon sac de couchage. Combien fait-il aujourd'hui ? Moins 20, moins 25 ? Il doit faire plus chaud à Cannes, chez moi. Le soir au coucher, le matin au lever, c'est toujours à ces moments-là que l'on pense le plus à ceux qu'on aime, dans les calmes plats qui bordent le sommeil… Il faut redoubler de précautions pour préserver sa santé avec de telles variations de température. Se couvrir, se découvrir, accumuler des couches, les ôter, choisir le bon vêtement au bon moment, ce n'est pas un souci en milieu tempéré, cela devient crucial ici, dans cet univers hostile et extrême.

Les glaciers travaillent en permanence autour du camp, on les entend craquer, on jurerait presque les voir glisser à l'œil nu. Ils avancent sous nos pieds, imperturbablement. Nous ne sommes rien au regard de ces masses de glace. D'une nuit à l'autre, le niveau de mon matelas est différent. C'est impressionnant, intimidant, si l'on y réfléchit. Assis devant ma tente, je vérifie mon matériel minutieusement. Je veux être prêt pour le col nord. Chaque détail peut compter : les chaussures, les crampons, les mousquetons, les barres de nourriture, la gourde... Aujourd'hui, nous faisons tous la même chose. Nous nous sourions, nous échangeons quelques mots. Je discute quelques instants avec Max Chaya, un Libanais que j'apprécie tout particulièrement. Quand nous sommes seuls, nous parlons en français et cette communauté de langue nous rapproche. Elle nous fait du bien.

J'attends le col nord avec impatience. Où en suis-je par rapport aux autres ? Si l'un d'entre nous est trop limite, notre chef d'expédition lui refusera l'assaut final. Nous le savons tous... Mais il n'y a pas de compétition au sein du groupe. Il n'y a aucune raison pour qu'il y en ait. Chacun souhaite faire partie de ceux qui iront jusqu'au bout, c'est tout. Nous ne faisons pas la course, nous poursuivons un but. La nuance est de taille. Enfin, avouons-le, chacun préfère que ce soit l'autre qui échoue plutôt que soi. Rien que de très naturel dans ce sentiment. On ne voudrait pas être celui qui souffre de l'altitude au point de devoir redescendre. Je prie, j'ai foi en Dieu, foi en mes capacités. Tout va bien pour l'instant. Je reste dans les limites d'une souffrance normale. Mon corps s'adapte avec les difficultés d'usage mais celles-ci n'excèdent pas la norme. Ce n'est pas agréable, ce n'est pas cauchemardesque non plus.

Autour de la table, ce midi, nous nous observons par-delà les phrases banales échangées de plus en plus difficilement en anglais. Nous avons tous les traits tirés, l'appétit en berne. Chacun trace son chemin seul. Notre souci permanent est cette fichue adaptation à l'altitude et chacun met en œuvre sa propre méthode. Nous sommes tous à l'écoute de notre corps, plus qu'à l'écoute des autres au bout du compte.

Nous vivons en comité restreint, nous ne nous mélangeons pas aux autres expéditions venues des quatre coins du monde, nous sommes pourtant une quinzaine de groupes cette année sur la face nord de l'Everest. De toute manière, même au sein de notre expédition, chacun reste seul. Nous sommes des solitaires réunis un temps dans un même lieu pour poursuivre le même objectif sans pour autant que chacun interfère dans la destinée de l'autre. C'est une impression étrange.

Après le repas, je me réfugie dans mon duvet. Il neige, le vent fait des siennes, je n'ai rien d'autre à faire que de tâcher de dormir.

Le mardi 2 mai, ABC

Je ne sors que pour satisfaire mes besoins élémentaires. Que faire sinon se reposer au maximum ? Je suis littéralement épuisé. En écrivant mon bulletin du jour, je me rends compte que mes capacités intellectuelles ont perdu de leur acuité. L'orthographe, la grammaire me posent des problèmes inhabituels. Heureusement que tout cela est réversible ! Beaucoup sont malades parmi nous. Angines, maux de tête, moral en berne, il y en a pour tous les goûts. Certains choisissent de redescendre pour se retaper plus bas. Je prends mon mal en patience, l'acclimatation se fait douloureusement, en silence. Du fin fond de mon duvet, je rêve au sommet qui m'attend là, au-dessus du toit rouge de ma tente. Je me concentre sur cela, il me faut oublier ce temps qui traîne. J'endure...

Le mercredi 3 mai, ABC

Enfin, demain jeudi, nous allons monter au col nord. Là-haut, les sherpas ont bien avancé, ils sont en train de finaliser les camps 2, 3 et 4. Tous ces risques, ils les prennent pour nous. Ils ne seraient pas là-haut si Sagarmatha ne nous avait pas envoûtés. Notre chef d'expédition suit les données météo qui lui sont transmises par satellite chaque jour. L'assaut final ne pourra se faire qu'à la faveur d'une fenêtre météo clémente. Les vents peuvent se mettre à souffler à près de 200 kilomètres à l'heure au sommet et la température chuter à moins 50, moins 60 degrés. Quand la tempête se déchaîne là-haut, nul homme ne peut s'y risquer. Il gèlerait en quelques secondes et décrocherait des pentes, pour sombrer dans les précipices. On ne peut vaincre le sommet que de la mi-mai à la mi-juin, et souvent seulement pendant quelques jours. Le bon chef d'expédition est, entre autres, celui qui donnera le top départ de l'assaut final au moment opportun. Les camps sont prêts, la météo devrait être clémente dans les jours à venir, il nous faut donc enclencher le compte à rebours. Je ne vais pas m'en plaindre.

Nous ne voyons notre leader que lors des repas. J'ai peu parlé avec lui, en définitive, jusqu'à présent. La plupart du temps, il joue aux cartes avec ses guides, Bill, Shaun et Alexander. C'est vrai qu'il ne peut rien pour nous durant cette phase d'acclimatation mais je suis un peu frustré de cet état de choses. Que saura-t-il vraiment de chacun au bout du compte, de nos expériences, de notre potentiel réel ? Comment pourra-t-il évaluer nos ressources le moment venu ?

Chacun s'active autour de son sac à dos avant que les guides ne nous réunissent pour une séance technique. Assis en cercle, nous suivons attentivement les instructions de notre leader. Manier une bouteille d'oxygène, s'habituer au masque, quoi de plus crucial pour des hommes qui vont pénétrer dans la zone de la mort ? Nous faisons des essayages... Lunettes sur les yeux, masques plaqués sur la bouche, nous ressemblons à des grosses mouches avec un bonnet sur la tête. Voilà qui amuserait beaucoup Charles, mon petit-fils ! L'équipement est encombrant, presque étouffant. Je mesure à quel point l'assaut final sera difficile une fois entièrement équipé. Nous serons si lourds, si engoncés, si raides... Il faudra faire avec. À quoi bon s'en inquiéter maintenant ?

À la fin de cette séance technique, je suis pleinement rassuré, je n'ai pas de lacunes apparentes, je n'ai que quelques détails à régler, comme tout un chacun.

La plupart d'entre nous se terrent sous leur tente sitôt le déjeuner avalé. J'en ai assez de vivre au fond de mon duvet, j'ai besoin de bouger. Une petite virée à 6 700 mètres me fera le plus grand bien. Mes crampons mordent dans le glacier. Je m'essouffle encore et je ne peux accélérer la cadence de ma marche. Je tousse parfois et je peine à reprendre mon souffle. Grandiose, intimidante, la beauté des lieux est simplement renversante, presque écrasante. Souveraine. Le col nord en ligne de mire, je prends douloureusement conscience de ce qui m'attend demain. Je redescends vers les taches colorées de notre camp chahuté par les bourrasques de vent et de neige. Je suis heureux de ma balade, si le terme de « balade » convient ici, demain est à ma portée. Le dîner chinois-népalais ne m'inspire décidément pas. Les substances me paraissent bien singulières. Si j'avais su, j'aurais emporté quelques plats de secours... Je me découvre peu aventurier dans le domaine culinaire. Je dînerai léger ce soir...

Le jeudi 4 mai, col nord, 7000 mètres

Le jour se lève à peine quand nous quittons le camp en file indienne. Tous très concentrés, nous échangeons peu de mots, quelques sourires rapides et tendus en guise de bonjour. Les membres de mon équipe savent à quoi s'attendre car c'est leur deuxième départ vers le col nord. Moi, je tâche de repousser tout sentiment de stress, de tension. J'essaie de me détendre pour aborder l'épreuve au mieux. Je ne dois pas me laisser submerger par les enjeux de cette journée. Je suis déterminé et j'ai confiance. Je serai là-haut en temps et en heure, le contraire est impossible.

Je marche dans les traces de ma sortie de la veille. Pendant les deux premières heures de montée, nous louvoyons sur la glace entre séracs et crevasses. Le paysage est magnifique mais je ne peux quitter que rarement le sol des yeux. Chaque pas doit être pensé, dans cet univers blanc de froid.

Et puis là, soudain, un mur de glace... Ses pentes sont impressionnantes, 50 à 60 degrés de déclivité ! C'est ici que Reinhold Messner est tombé dans une crevasse en 1980. Même une expérience telle que la sienne ne garantit pas à l'alpiniste de revenir sain et sauf... Nous sommes minuscules, nous ne sommes pas plus gros que des fourmis. Écrasé par cette masse gelée, presque intimidé, j'amorce le premier pas de ce qui va être, je le sens, une épreuve à nulle autre semblable. J'entends la

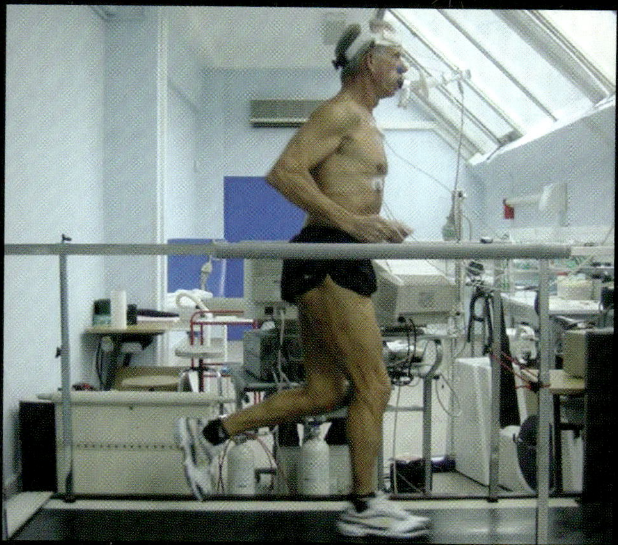

Test d'effort (2001).

Tour des Annapurna (2002).

Djebel Toubkal, 4167 m, point culminant de l'Atlas, au Maroc (2002).

Kilimandjaro, 5 962 m (2003).

Aconcagua, 6 962 m, point culminant des Andes, en Argentine (2004).

Marathon, mont Blanc. Avec Josiane et Charles (2005).

Lhassa, palais du Potala (2006).

Autel du camp de base, 5200 m.

L'Everest, 8 850 m.

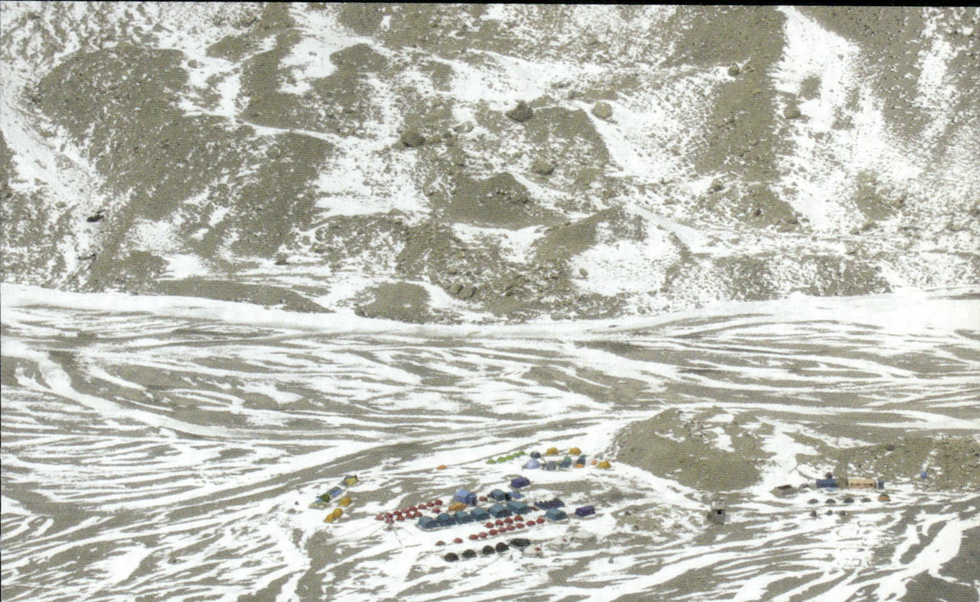

Camp de base, 5 200 m.

Vers l'ABC (camp de base avancé), les « pénitents blancs », 5800 m.

Itinéraire de la face nord.

Vers le col nord, 7000 m.

Au camp 1, 7000 m.

Au camp 3, 7900 m.

Au bout de mes rêves, 8761 m.

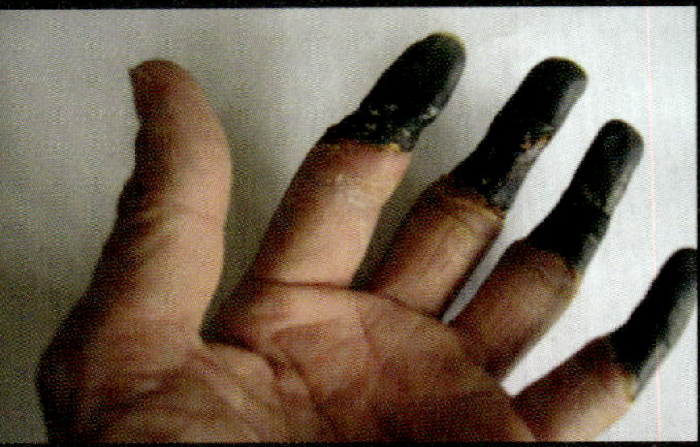

Avant amputation, le 15 juin 2006.

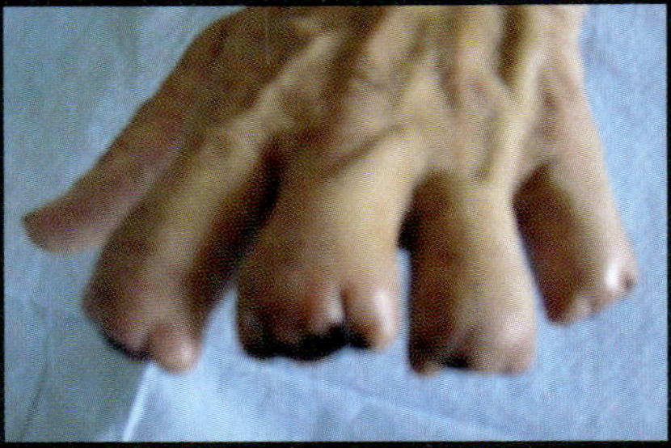

Après amputation, le 17 juin 2006.

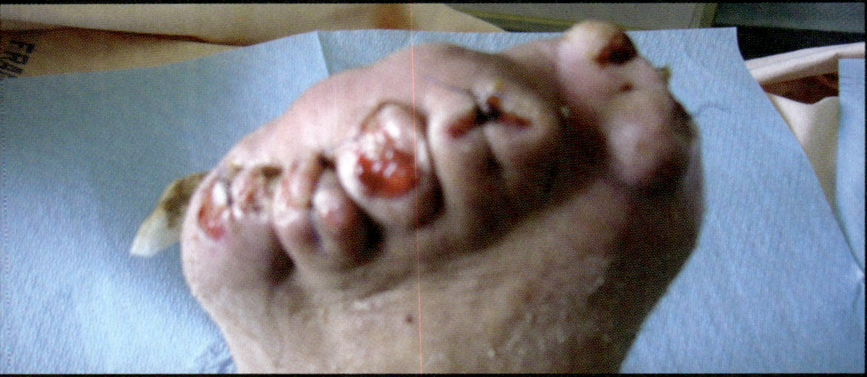

Après amputation, le 17 juin 2006.

Maroc, le marathon des Sables (2007).

Les 100 kilomètres de Millau (2007).

Île de la Réunion,
la diagonale des Fous (2008).

La Trans'Aq (2009).

Drapeaux de prière.

La *puja* (cérémonie hindoue d'offrandes).

Vers le col nord.

Avec mes sherpas Finjo et Pasang, et l' Équipe de France contre le cancer.

Au bout du rêve avec mes médecins.

Premières lueurs du jour sur le col nord.

Avec la Ligue sur le toit du monde.

respiration et la toux de certains membres de l'équipe. Chaque pas demande un effort de volonté incroyable, chaque inspiration est une frustration. Il faut faire avec le peu d'oxygène que nous accorde le milieu alors que l'effort à lui seul en demanderait plus que la norme. Arc-bouté sur la pente, je m'élève mètre après mètre. Je ne réfléchis pas plus loin que le pas suivant. Le crampon du pied droit mord la glace, je soulève mon corps, le crampon du pied gauche s'enfonce, je respire. Recommencer le même processus, encore et encore, malgré la fatigue, malgré la douleur. Les poumons brûlent, les muscles crient. Voilà déjà une heure que je me bats contre ce mur de glace. Je n'ai plus de jambe, plus de bras. Je respire à peine et au prix de mille efforts. Où est la fin de cette journée ? Les deux mains appuyées sur le genou gauche, je lève la tête. Là-haut, je dois aller là-haut. Ne t'écoute pas, résiste... Un pas après l'autre. Je suis épuisé. Mètre après mètre. Le col est là. J'y suis ! Ma joie est à la mesure de mon épuisement. J'en pleurerais presque... si seulement j'en avais la force. Je me redresse pour regarder autour de moi. Géant, inégalable, incroyable. Je crois que je pourrais aligner des pages et des pages d'adjectifs, de superlatifs. La beauté des lieux est totale, blanche de perfection. Comme par magie, la souffrance s'évapore, la douleur s'efface. Rien n'a plus d'importance, si ce n'est la saveur de l'instant présent. Les membres de l'équipe abordent le col les uns après les autres, aussi épuisés, aussi défaits que je le suis. Je suis dans les temps et, surtout, je suis au niveau de l'équipe. C'est important pour la suite et c'est tout ce que je désire savoir aujourd'hui. Je n'ai qu'une envie: dormir. Au fur et à mesure des arrivées, nous nous entassons sous la tente commune. Bonnet sur la tête, nez enfoncé dans la chaleur du sac de couchage, les hommes s'effondrent. Dormir...

Le vendredi 5 mai, du col nord à l'ABC, de 7000 à 6400

J'ai passé une assez bonne nuit, et cette phrase est à elle seule une bénédiction. Dormir à une telle altitude est déjà un petit exploit en soi. Les pentes de l'Everest ne sont pas faites pour les hommes... Je me sens relativement reposé et prêt pour la descente. Les mains serrées autour d'un bol de thé, nous savourons notre dernier instant de quiétude. Dehors, derrière la toile, le froid, le vent et la neige nous attendent. Il va falloir s'accrocher pour faire le chemin inverse.

La main sur la corde fixe, les yeux rivés au sol, je me concentre sur chaque pas. Le vent soulève la neige en rafales. Il fait blanc et gris autour de moi. Mes compagnons ne sont que de vagues silhouettes. Chaque pas peut être fatal, je ne peux relâcher ma concentration une seule seconde. C'est là, dans la tourmente glacée, que je prends réellement conscience de ce que sera l'assaut final. Où vais-je trouver les ressources nécessaires pour le retour après douze heures d'attention et d'efforts constants en montée? Il n'y aura pas d'heures de repos, pas de nuit entre l'ascension et la descente... Dix-huit heures d'épreuve... Je puiserai jusqu'au fin fond de mon capital mais j'y arriverai. J'y arriverai.

Les tentes de l'ABC ! Après l'épreuve de la matinée, le camp me semble presque être un refuge douillet. Le confort est vraiment une notion toute relative. Je suis épuisé mais entier ! J'ai quelques jours pour analyser chacune des difficultés que j'ai rencontrées, pour y remédier aussi. Le col nord est une expérience nécessaire, à quelques jours du sommet.

À la limite de l'effondrement, j'avale rapidement le déjeuner. Mon sac de couchage est un havre de paix auquel j'aspire... Le vent, la neige encerclent mon mince refuge, je m'en fiche, je dors.

Un rien peut nous rendre heureux dans cet univers extrême. Pouvoir se nourrir normalement est une victoire ! Soupe, riz, lentilles, il y avait longtemps que je n'avais pas aussi bien mangé. Autour de la table, nous avons tous des physiques d'ascète. Poignées d'amour, surcharge pondérale, chacun d'entre nous a largué ses kilos superflus depuis belle lurette. Le problème est que nous sommes tous déjà bien en dessous de notre poids de forme. La haute altitude perturbe le sommeil et l'appétit. Nous n'avalons pas assez de calories au regard des efforts que nous fournissons. Le simple fait de survivre ici, d'avoir obligé notre corps à s'adapter à cet environnement hostile a puisé dans nos réserves d'énergie. Notre cœur bat beaucoup plus vite, même au repos. Mon sang doit être d'un rouge rubis, à tant produire de globules rouges !

Aujourd'hui, nous ne nous coucherons pas à 19 heures, comme tous les autres soirs. Ce que nous pressentions depuis quelques jours s'ancre enfin dans la réalité. Notre leader nous expose notre plan de bataille. Nous savions que les échéances étaient proches depuis que les sherpas étaient redescendus des camps d'altitude. Tout est prêt là-haut pour nous accueillir. La voie vers le sommet est ouverte, balisée. Notre chef d'expédition guette une fenêtre météorologique depuis quelques jours. Il sort peu de sa tente. De toute manière, ce n'est pas un grand bavard. Combien de phrases ai-je échangées avec lui depuis que je suis ici ? Quelques-unes... La plupart du temps, nous nous reposons sous nos tentes pendant qu'il suit l'évolution de la météo. Bref, l'émotion est palpable autour de la table, la tension monte d'un cran. Les conditions météorologiques seront favorables dans les jours à venir et il serait préférable de partir vers le sommet avant toutes les autres équipes. Notre leader veut éviter qu'un des membres de son équipe reste coincé derrière des alpinistes plus lents dans un passage difficile. Cet engouement pour le sommet ne joue pas en notre faveur. Je suis confiant pourtant.

Une fenêtre météo semble enfin se dessiner. L'assaut est imminent. Nous allons monter au camp 1 le 9 mai, au camp 2 le 10, au camp 3 le 11, au camp 4 le 12. Par la grâce de Dieu, je serai au sommet de l'Everest le 13 mai. J'espère que nous pourrons tenir ce planning car nous ne sommes pas à l'abri des impondérables de la météo.

Le samedi 6 mai, ABC

Je pense que nous avons tous tourné et viré dans nos sacs de couchage avant de trouver le sommeil. Je suis plus tendu, plus affûté aussi, depuis que je connais les dates de l'ascension. Les choses prennent corps ici. J'ai écrit un long courriel à ma fille pour lui faire part des derniers événements, un de mes derniers messages sans aucun doute. Dès que nous quitterons l'ABC, je ne pourrai plus communiquer avec l'extérieur. Je sais que ce silence radio sera pour eux un temps d'attente, d'inquiétude. J'aimerais tellement qu'ils soient tous aussi sereins que je le suis aujourd'hui. J'ai une chance immense d'être ici et je serai au rendez-vous, quoi qu'il arrive. Autour de l'ABC, de minuscules mausolées de galets gris sont là pour nous rappeler sans cesse ce vers quoi nous nous engageons. Des noms sur des plaques commémoratives, faute d'avoir pu redescendre des corps... Des hommes sont morts entre le camp 1 et le sommet, nous verrons sans doute des cadavres d'alpinistes figés pour l'éternité dans leur prison de glace, au cours de notre ascension. Je ne suis pas inconscient du danger, mais ma foi tient à distance toute peur inutile. Je marche dans la présence de Dieu et sa lumière sous-tend ma foi en l'Homme. Je puise les ressources de ma volonté dans ce réconfort spirituel de chaque instant. Là-haut, je serai seul face à moi-même, entier et nu face à Dieu. Aujourd'hui, il me semble que rien ne peut entamer ma sérénité.

L'ambiance dans le camp a changé, très notablement. Chacun se prépare, vérifie son matériel, contrôle chaque corde, chaque mousqueton. Un dernier message aux êtres chers... L'émotion des adieux anticipés brise les lignes.

Notre leader a constitué deux équipes de grimpeurs. Mogens, Brett et Terry seront ensemble, je partirai avec Tim, Marc Ingliss, Max Chaya. Les deux équipes se suivront à un jour d'intervalle. Mon ascension du col nord est donc décalée au 11 mai.

Je me sens vraiment bien. Je n'ai pratiquement aucun trouble lié à l'altitude, pas de douleurs particulières. Mon Dieu, quand je pense que j'aurais pu me laisser faire par ce cancer du rein, quand je pense que j'ai frôlé l'abandon... Merci, merci à tous ceux qui ont contribué à rendre cette aventure possible.

Les 7, 8, 9 mai, ABC, derniers jours à 6 400

Les derniers jours sont une alternance de repos et de préparation. Nous avons tous des techniques différentes pour tromper l'attente, l'appréhension naturelle liée aux jours à venir. L'essentiel est de reposer son corps au maximum et de ne pas laisser son mental fléchir. Résolus, fermes, debout, voilà ce que nous devons être maintenant. Il n'est plus temps de tergiverser.

Depuis que le planning est arrêté, les moments d'émotion s'enchaînent. C'est toujours comme cela quand un départ devient imminent. L'Everest amplifie tout. Nous croyons tous que nous allons revenir mais nous ne pouvons ignorer que, chaque année, des hommes meurent là-haut. Nous espérons être mieux préparés qu'eux, plus chanceux, plus affûtés. Nous l'espérons mais, au bout du compte, nous ne pouvons que prier Sagarmatha de nous laisser atteindre son sommet, nous ne pouvons que la prier de nous rendre à ceux que nous aimons. Il serait stupide de penser que nous pouvons être plus forts qu'elle. Il suffit de lever la tête vers le sommet pour saisir combien nous sommes peu de chose dans cet environnement de démesure. Nous ne sommes plus à l'échelle humaine, nous nous mesurons à une déesse. Il y a eu des tragédies terribles sur l'Everest, il y en aura encore. C'est à cela que chacun pense… Dans la douleur, Sagarmatha nous apprend à être humbles.

Ce matin, sous un beau soleil, notre leader a présenté à chacun d'entre nous le sherpa qui l'accompagnera lors de l'assaut final. Je serre la main de Tenzing, je croise son regard franc et serein. Sans lui, je n'aurais pas une chance d'atteindre le sommet. Nous vaincrons Sagarmatha à deux. Je suivrai mon sherpa pas à pas et je sais que je pourrai compter sur son dévouement, sur son expérience le cas échéant. Notre chef d'expédition nous confie à ses sherpas, il les connaît tous, ils sont ses amis, sa famille. Demain, nous leur devrons peut-être la vie...

Assis autour de la table de la cantine, nous écoutons le leader en silence. Son discours prend une tout autre résonance cette année. Un des sherpas est mort à 6200 mètres il y a quelques semaines et notre leader se refuse à l'idée même de perdre encore un ami. Nous ne devons pas mettre en danger la vie de ces hommes qui sont prêts à beaucoup de sacrifices pour nous. Ils ne doivent pas perdre leur vie au nom de nos rêves, de nos ambitions. Ils ont une famille, des enfants qui les attendent aussi. Nous avons également une responsabilité, un devoir de protection envers eux. Contrairement à ce que certains tendent à croire, le sherpa n'est pas à notre service, il est le deuxième élément d'un binôme. Lui et moi, nous nous devons un respect et une protection mutuels. Notre leader est très clair, il rappellera ses sherpas s'il sent que nous les mettons en danger. Il nous abandonnera à notre destin plutôt que de voir mourir un sherpa au nom de nos rêves. Nous devrons être responsables le moment venu. Je comprends tout cela.

Quitter le camp de base avancé pour le sommet, c'est accepter de prendre le risque de ne pas être sauvé... Nous le savons tous.

Le mercredi 10 mai, ABC

Ce matin, nous avons regardé la première équipe partir pour le col nord. Nous avons serré des mains, échangé des regards anxieux, des sourires un peu crispés. Nous les croiserons plus tard, dans quelques jours. Ils descendront quand nous monterons pour l'assaut final.

Notre leader a quitté aussi l'ABC pour rejoindre le camp 1, d'où il suivra l'ascension de tous les membres de son équipe. Nous sommes seuls dorénavant avec nos sherpas et notre guide. J'envoie un dernier message d'amour aux miens. Cette fois, c'est vraiment le dernier...

Je me fais aussi beau que possible, je contrôle encore une fois mon matériel, je crois n'avoir rien laissé au hasard.

Le jeudi 11 mai, de l'ABC au camp 1, 7 000 mètres

Des bâtons d'encens brûlent entre les interstices de l'autel. La fumée s'envole, tourbillonne autour des drapeaux de prière et s'évanouit dans une bourrasque de vent. Je frôle de la main les galets gris du temple improvisé de l'ABC avant de m'engager sur la voie du col nord. Ma longue marche vers le sommet est une prière en acte. Je sais ce qui m'attend. Je ne ressens ni peur ni appréhension. Je suis serein, résolu plus que jamais. Avec mon sherpa, je pars à la rencontre de mon destin... J'ai déjà vécu cette ascension, je l'attaque avec plus de sérénité, mais chaque pas m'est toujours aussi douloureux.

L'épuisement toujours... Le temps fait des siennes. Un gris poisseux règne sur l'Everest. Assis sous une tente du camp 1, nous attendons Brett d'une minute à l'autre. Le pompier américain a dû faire demi-tour entre le camp 2 et le camp 1. Je n'aimerais pas être à sa place.

La nuit tombe quand Brett pénètre sous notre tente. Les traits tirés, il respire la déception. Le froid, la souffrance... Il raconte, nous devinons le reste. Le mal de l'altitude l'a terrassé. Il n'était pas allé si haut lors de sa dernière tentative. Cette fois, il tire un trait définitif sur cette aventure. Il redescend dès demain à l'ABC, puis au camp de base. Il suivra notre progression par radio. Je l'entends, je l'écoute, mais je refuse que sa déception, ses difficultés ne viennent interférer sur mon propre trajet. Nous sommes tous différents et chacun vit son Everest dans la solitude, à sa manière.

Les 12 et 13 mai, du camp 1 au camp 2, puis camp 3, 7900 mètres

J'ai laissé les tentes orange du col nord derrière moi depuis longtemps. Nos journées sont une suite de pas dans la neige, dans le froid. Nous inspirons, nous expirons et nous avons conscience de chaque respiration. Une journée de marche et quelques heures de repos... Ma vie et celle de mon sherpa se résument en peu de phrases ces dernières quarante-huit heures. L'air glacé s'infiltre partout, les températures sont très basses pour ce mois de mai. Même si nos équipements nous protègent bien, ils ne nous isolent pas pour autant. Il suffirait de pas grand-chose pour geler sur place.

Nous parlons peu, nous mangeons peu et sans appétit mais nous buvons beaucoup, nous dormons quelques heures d'un sommeil agité. Je n'ai plus que le sommet en tête. Mes pensées sont focalisées sur l'Everest, il n'y a plus rien d'autre en dehors de cela. Obsession, conviction, ténacité. Je ne suis plus que ces trois mots. Plus nous montons, moins nous respirons, plus nous souffrons. Nos pas s'alourdissent inexorablement. La montagne exige toujours plus de nos corps épuisés.

Au camp 3, les vents se déchaînent. Tout hurle autour de nous. Enroulés dans nos sacs de couchage, nous attendons, nous ne cessons d'attendre. La déesse est en colère, la fenêtre météo s'est refermée. Nous devons patienter au camp 3 une journée de plus. Cinq heures, dix heures, vingt heures... Le temps n'en finit plus de mourir. Tout est gris. Nous ne bougeons pratiquement pas mais nos corps s'épuisent tout de même. Nous respirons et cela seul suffit... Un jour de plus dans la zone de la mort... Quelles en seront les conséquences ? La toile de nos tentes bat au vent. Max Chaya et moi, nous luttons toute la nuit pour garder notre abri de toile. Le vent s'acharne sur nous, comme une terreur nocturne. Aucun de nous deux ne ferme l'œil de la nuit. J'aurais tellement aimé dormir quelques heures. Ma réserve d'énergie s'épuise d'heure en heure. Que me reste-t-il pour demain ? Que me restera-t-il pour l'assaut final ? J'y arriverai.

L'aube se lève, nous partons enfin pour le camp 4. Nous sommes lessivés mais nous irons le chercher, ce sommet.

Le dimanche 14 mai, camp 4, 8 300 mètres

Être ici est déjà une victoire en soi. Sur les roches grises, les tentes tremblent sous l'assaut du vent. Il fait glacial. J'apprends que Mogens, le jeune asthmatique, a fait demi-tour lui aussi. Le mal d'altitude, le manque d'oxygène, une nuit de trop au camp 3, tout cela a pesé trop lourd pour lui. Il descend, nous montons. C'est la loi de la montagne.

À 8 300 mètres, chaque mouvement, chaque connexion neuronale prend un temps infini. Nous sommes lents de corps et d'esprit. Il est 17 heures. Les tentes du camp 4 affleurent à peine sur la surface blanche glacée. Je ne suis plus qu'à quelques heures de l'assaut final. Pensent-ils à moi là-bas, tout en bas, à Cannes ? Pensent-ils à moi autant que je pense à eux ? Oui, sûrement. Je prépare minutieusement mon matériel. Gants, masque, bouteilles d'oxygène... Je compte, je contrôle, je recompte, je range. Je cale mes deux bouteilles d'oxygène l'une contre l'autre. Les minutes basculent au ralenti dans le passé. Je vérifie tout une dernière fois. Dans quelques heures, il faudra être prêts rapidement. Il ne sera plus temps de pallier un manque quelconque. L'erreur ne pardonne pas à plus de 8 300 mètres. Rien ni personne ne peut sauver un alpiniste en détresse sur l'Everest. Je suis le seul à pouvoir préserver ma vie. Je le jure, je redescendrai.

La radio nous transmet la voix de notre leader depuis le camp 1. Nous partirons bien cette nuit, les conditions météo nous sont plus favorables. Par contre, nous devons avancer notre départ de deux heures. Il y a trop de monde sur l'Everest et notre « coach » craint un bouchon au niveau du deuxième ressaut. Il suffit qu'un alpiniste d'une autre équipe soit en difficulté pour nous faire basculer du côté de l'échec. L'Everest se joue aussi comme une course contre la montre. Il faut partir les premiers, passer avant tout le monde afin de minimiser les risques de blocage. Ici aussi, une stratégie de la réussite est nécessaire. Nous partirons à 23 heures plutôt qu'à 1 heure du matin. Deux heures de repos en moins, deux heures de marche de nuit en plus, deux heures de plus à attendre que le soleil de l'aube ne vienne nous réchauffer... Chaque décision est lourde de conséquences.

Il est 20 heures, nous avons mangé autant que nous avons pu, presque rien en vérité. Habillés de pied en cap, prêts à partir, nous nous allongeons sous nos tentes. Nous ne nous couchons pas vraiment, nous nous mettons juste en position de repos, comme des soldats avant la dernière bataille. Qui de nous arrivera à fermer les yeux ? Mon cœur bat si vite...

Dimanche 14 mai, lundi 15 mai, l'assaut final

Nous y sommes. Il est 22 heures et les lampes frontales s'allument peu à peu. Max fait fondre de la neige, je prépare notre dernier thé noir avant l'assaut. Nous nous sourions mais nous sommes aussi tendus l'un que l'autre. L'épreuve d'aujourd'hui est immense, à la limite de l'insurmontable. Dans quelques heures, je saurai enfin où se situe ma dernière limite. Je m'en vais au bout de moi-même. L'odeur du thé envahit la tente, les hommes émergent de leurs abris. C'est l'heure du départ. Merci, mon Dieu.

On n'est jamais sûr de rien. Combien de fois ai-je vérifié ces deux bouteilles d'oxygène ? Combien de fois ? Elles étaient là toutes les deux, l'une contre l'autre, tout à l'heure, à 20 heures. Pourquoi l'une d'entre elles a-t-elle disparu ? Comment a-t-elle pu disparaître ? Une onde de panique me vrille l'estomac. Qui a pu ? Peu importe... Il n'est plus temps... Les autres quittent le camp déjà. J'interpelle Tenzing, mon sherpa, qui disparaît aussitôt dans le camp. Ces minutes d'attente me laminent, une à une. Je ne peux pas partir sans ma réserve d'oxygène, mon aventure ne peut se terminer de cette manière. Je ne le permettrai pas. Soudain, Phurba surgit entre deux tentes, une bouteille d'oxygène pleine dans les bras. Nous n'échangeons pas un mot, c'est inutile. Il faut partir. Vite ! Je fonce sur les traces de mon sherpa. Masque plaqué contre le visage, je passe outre la douleur, la suffocation. Je dois rattraper les autres. Nous avons vingt minutes de retard et personne ne nous a attendus. C'est chacun pour soi sur l'Everest. Le groupe n'existe pas, le summiter ne poursuit que son propre rêve. Il n'y a aucune amertume dans ce constat, c'est ainsi. De toute manière, je n'ai pas le temps de penser, encore moins de ruminer. Je me fiche de savoir ce qu'il en est de cet oxygène, tout m'est égal, hormis atteindre le sommet.

Une équipe chinoise s'est immiscée entre les premiers hommes de notre groupe et nous. C'est tout ce que nous voulions éviter. Tant pis. Tout se passera bien...

Je m'escrime sur une pente glacée de 60 à 70 degrés. Mon équipement pèse lourd sur mon dos. Je suis engoncé dans mes vêtements et ma liberté de mouvement est on ne peut plus limitée. Mes crampons mordent la glace, je me tire vers le haut. Je souffre mais je n'accorde aucune importance, aucune existence en réalité, à cette douleur. J'ai voulu tout cela, j'endure.

Il n'y a rien d'autre à ajouter. Le froid est glacial, le vent violent. Des traînées de neige tourbillonnent sous un beau clair de lune. Ma lampe frontale dessine des ronds de lumière autour de moi. Des ombres fantasmagoriques se lèvent et se révèlent autour de nous. Obscurité, clair-obscur, jeu de lumières... Les précipices sont noirs de danger. Sagarmatha est si belle la nuit, si redoutable aussi ! De rochers en plaques de neige glacée, nous parvenons à l'arête nord-est. Des passages particulièrement raides sollicitent toute notre attention. Que ces vêtements sont encombrants ! Combien de mètres avons-nous gagnés sur notre objectif ? Peu sans doute. Nous franchissons le premier ressaut rocheux. Des cordes fixes nous guident pour nous amener un peu plus haut.

Nous sommes plus exposés au vent maintenant. Il fait froid, de plus en plus froid, extrêmement froid. L'air glacial déborde les possibilités de mon équipement high-tech. Une tache blanche envahit soudain le paysage. Je ne vois plus rien, la beauté des lieux disparaît peu à peu. Tout est blanc, je suis pratiquement aveugle. Mon œil droit ne distingue plus rien. Non ! Calme-toi, pense, réfléchis. Un œdème du cerveau aurait eu d'autres conséquences... Tu es essoufflé, tu es épuisé, tout cela est normal. Mais tu n'as pas mal à la tête, tu n'as pas de nausée. Souffle, recentre-toi. Non, je ne me sens pas désorienté, j'avance, je me tire vers le haut, toujours. C'est le froid, ce petit filet d'air que tu sens depuis tout à l'heure s'infiltrer sous le masque... Continue, continue comme cela. Je fixe le dos de Tenzing, je reste dans ses traces. La lampe frontale de mon sherpa est ma ligne de mire. Cette tache blanche, ce n'est rien qu'un handicap transitoire à surmonter. Marche, le sommet est à toi, au bout de l'effort. Toujours plus loin, toujours plus haut...

Le deuxième ressaut... Les premières lueurs de l'aube s'annoncent mais il fait toujours aussi glacial.

La température oscille entre moins 40 et moins 50. Il faudrait bouger vite, franchir ce second ressaut immédiatement… Mais nous ne pouvons rien faire d'autre qu'attendre que la situation se débloque. Ce que nous craignions tant est arrivé. Nous n'avons pas réussi à atteindre ce « step » avec le premier groupe. Cette fichue bouteille d'oxygène… Non, ça ne sert à rien de ruminer. Nous en serions peut-être au même point. Un Chinois est bloqué sur une de ces fameuses échelles de 30 mètres qui permettent de franchir les corniches du ressaut. Il est terrifié et l'appréhension le bloque au beau milieu du passage. Nous ne pouvons rien pour lui, nous ne pouvons que subir la situation. Nous restons plantés sous le grand bloc de pierre mais rien ne nous protège du froid mordant. Le vent nous gifle inlassablement. Nous ne pouvons pas nous reposer, nous sentons des ondes de froid nous envahir toujours plus avant. Je me dandine d'un pied sur l'autre, je frotte mes gants l'un contre l'autre, je me frappe les épaules. Il faut bouger, rester en mouvement au pied de la corniche. La situation s'éternise. Je suis un bloc glacé. Quinze minutes, vingt minutes. Nous crions notre colère aux Chinois. À quoi bon ? Trente minutes, quarante minutes… Nous perdons du temps. Nous puisons plus que prévu dans nos réserves d'oxygène. En aurons-nous assez pour atteindre le sommet, pour descendre ensuite ? Calme et sérénité. Tout autre sentiment m'épuiserait plus que de raison, de toute manière. Le sommet, le sommet et rien d'autre en tête que cette idée. Sous les gants, mes doigts s'ankylosent. J'ai mal un temps, je ne sens plus rien ensuite. Mes doigts, mes orteils, je gèle tout doucement par les extrémités. La chaleur de mon corps se replie inexorablement vers ses organes vitaux. Il suffit de quelques minutes de trop pour que tout devienne irréversible... Non, la situation va se débloquer, elle doit se débloquer. Quarante-cinq minutes... Les Chinois disparaissent là-haut. Enfin... Bouge, avance, monte, tire.

L'arête nord-est est enneigée. Elle est étroite et je ne distingue toujours pas les détails, je navigue avec pour seul point de repère le dos de Tenzing. Je suis un aveugle en équilibre instable. À droite, à gauche, les précipices ronflent d'un vent pétrifiant de glace. Phurba, le leader des sherpas, est maintenant juste derrière moi. Tim, le *biker* de Los Angeles, peine à quelques mètres devant moi. Où sont les autres ? Plus haut, sûrement. Ils n'ont pas été bloqués, eux. Notre guide ? Je ne l'ai pas vu depuis son départ du camp 4... Je ne peux compter que sur moi et Tenzing. Et puis, soudain, le sol se dérobe sous mon pied droit. Mon cœur se décroche, le cauchemar, mon corps suit lourdement. Je tombe. Un centième de seconde, une suite de gestes automatiques, presque des réflexes inconscients. Je plante mes crampons, mes mains se serrent autour de la corde. Un cri. Qui a hurlé ? Moi ? Tenzing ? Je n'en sais rien. La corde se raidit, me tire en arrière, une main se tend vers moi, je la saisis, je m'agrippe, je reprends pied sur l'arête. Tenzing se penche vers moi. OK, tout va bien, on continue. Je le remercierai plus tard de m'avoir sauvé la vie, nous n'avons pas le temps maintenant. Il faut aller de l'avant. Je suis mon sherpa, une corde de vie nous lie l'un à l'autre. Je fais attention à chacun de mes pas mais, une fois encore, je dévie à droite. Cette tache blanche toujours... Tenzing est là, prompt et efficace. Je me remets debout, je suis éprouvé mais je dois continuer. Toujours. Nous avançons lentement, très lentement, mais sûrement. Nous progressons, un pas après l'autre. Je découvre enfin d'où vient le problème : un fil d'air s'infiltre sous mon masque. Je le repositionne, j'avance.

Le jour est là, la neige brille mais la température ne remonte pas. Mes doigts se raidissent. Sont-ils gelés ? À quel point ? Je l'ignore. Je n'y peux rien, de toute manière. Il m'est de plus en plus difficile de manipuler les cordes. Tenzing m'aide, nous avançons malgré tout. Le sommet me tire vers le haut, je le veux, je ne suis plus que cette volonté. C'est donc cela. Toucher ses limites, les franchir... Chaque pas, chaque geste se paie au prix fort. Mais je ne suis pas à genoux, mon corps continue à m'obéir. Je peux encore avancer, je le sais. Je ne défaille pas, j'irai jusqu'au bout de mon rêve.

Phurba, le sherpa qui ferme la marche, contrôle régulièrement ma bouteille d'oxygène. Où en sommes-nous de nos réserves ? Je ne m'en préoccupe que très peu. Je sais qu'en bas, au camp 1, notre leader calcule tout cela pour nous. Nous sommes dans le point de mire de ses jumelles. J'ai conscience de notre lenteur mais nous avançons régulièrement. Mes doigts sont de plus en plus raides, mes orteils semblent pétrifiés...

8700 mètres. La voix du leader grésille dans la radio. Il veut que nous fassions demi-tour. Nous ne progressons pas assez vite, il craint que nous n'ayons pas assez d'oxygène. Il m'a vu chuter par deux fois... Non ! Je peux aller plus haut. S'il mesure mes difficultés, il n'a strictement aucune idée de ce que je suis encore capable d'accomplir. Je suis le seul à pouvoir décider en toute connaissance de cause. Les sherpas se sont immobilisés, ils attendent. Tim s'est affalé juste derrière moi. J'argumente, je défends ma cause. Le leader campe sur ses positions. Je ne suis pas en danger, pas plus que les sherpas, nous pouvons continuer. Et puis, brusquement, Phurba, le chef des sherpas, intervient pour demander au leader de nous donner un peu plus de temps, trois quarts d'heure, une heure. C'est rare qu'un sherpa discute les ordres de son chef d'expédition. Quelques secondes de silence... Notre leader hésite. Je sais déjà que je continuerai quelle que soit sa décision. Il n'a pas le droit de nous rappeler maintenant. OK. Nous avons une heure pour prouver que nous pouvons y arriver. Tim se relève, les sherpas nous encouragent. *Walk, walk !* J'entends les exhortations de Phurba. Je m'accroche. J'arrache chaque mètre, je serre les dents. *Walk, walk !* Je donne tout ce que j'ai, je vais même au-delà de cela. Max Chaya vient à notre rencontre, il redescend, il a vaincu le sommet. Il a eu la chance d'être du premier groupe. Je me redresse, je lui adresse un sourire, un signe de la main, nous nous reverrons plus tard, en bas, à l'ABC. Le monde s'efface, il y a juste moi et le sommet. La souffrance brille à la périphérie de mon esprit, elle m'indiffère, elle est si lointaine... Depuis combien de temps marchons-nous ? Peu importe. Un pas après l'autre.

C'est fini ! L'ordre du leader est on ne peut plus péremptoire, je perçois immédiatement sa détermination. Une fois de plus, nous nous immobilisons, les sherpas se tournent vers nous, nous font signe de la main. Demi-tour, demi-tour ! Je reste dans le sens de la montée. Je ne chercherai pas à convaincre notre leader, c'est inutile, je le sais. Je ne lui obéirai pas non plus, je ne suis pas monté jusque-là pour descendre maintenant. Je me remets en branle, un pas après l'autre. Tenzing est là, juste devant moi, Phurba ferme la marche. Demi-tour, demi-tour ! Je secoue la tête. En avant ! Je pointe de la main le sommet, c'est là-bas que je vais, nulle part ailleurs. Je ferai demi-tour là-haut, au bout de mon rêve. Ma radio grésille, le ton monte, notre leader est en colère. Je dois respecter sa décision, j'ai signé un papier en ce sens. Oui, mais c'était il y a longtemps, bien avant toutes ces heures de douleur... Le sommet est là, devant moi, et j'irai. Je le vois. À portée de regard, à portée de main... Pour ceux d'en bas, je ne suis plus qu'un mutin qui s'obstine, un homme qui s'échine au-delà du raisonnable, autant dire un fou en perdition. Un peu plus haut, à droite, un cadavre, tête en bas, affleure sous la neige blanche. C'est cela que tu veux, Gérard? Être comme lui? Lui aussi a perdu la vie pour s'être trop obstiné. C'est cela que tu veux, Gérard? Je l'entends, je m'en fous, tous ces mots n'ont aucun sens véritable. Je ne suis pas ce type gelé sous la neige. Je ne suis pas lui, il n'était pas moi. Je ne suis pas en train de mourir, je me bats pour un rêve. Un pas après l'autre... Réfléchis, Gérard! Tu ne penses plus correctement, le manque d'oxygène... Je vais très bien, je ne suis pas un idiot, je sais que le manque d'oxygène affecte les capacités intellectuelles. Je ne suis pas désorienté, je me connais bien, je peux encore atteindre le sommet. Les voix se succèdent, toutes tentent de me convaincre. Je ne réponds même pas. Aucune communication n'est possible entre eux et moi. Ils ne me comprennent pas. Ils n'ont aucune idée de qui je suis. Ce qu'ils ont retenu de moi? J'ai 62 ans, j'ai été opéré d'un cancer du rein voilà un mois... Je ne me réduis pas à cette suite d'affirmations. Brett, Mogens, Terry, tous déblatèrent à la radio, chacun y va de son argument. Chacun tente de me raisonner, je réponds par un silence obstiné. Je ne sombre pas dans la folie. À quoi bon communiquer? Ils m'exaspèrent, tous autant qu'ils sont. Et puis, à cette altitude, l'anglais est devenu presque une barrière infranchissable. Les mots me manquent et je n'ai aucune envie de faire le moindre effort en ce domaine. Je monte encore et c'est tout ce qui compte à mes yeux. Tenzing et Phurba restent à mes côtés, j'imagine leurs difficultés, leurs doutes.

Pense à ta femme, pense à tes petits-enfants... Ce chantage affectif est proprement dégueulasse. Je préfère continuer à me taire. J'ai promis aux miens que je reviendrai, et je reviendrai. Je ne suis pas en train de mourir, j'avance.

8761 mètres. Notre leader rappelle ses sherpas. Tenzing et Phurba me regardent, ils n'ont plus le choix. L'ordre est clair et sans appel : ils doivent m'abandonner. Avec eux, je pouvais atteindre le sommet, sans eux, c'est à ma mort que je cours. Le choix est tellement simple... Il n'y a aucune autre possibilité, hormis la mort.

7

Du rêve à la réalité

8761 mètres, à 80 mètres du sommet... Un genou dans la neige, je lève la tête vers le sommet. Je le vois. Il est si proche maintenant, presque à portée de main. C'est donc ici et maintenant que je dois renoncer... Il faudrait environ encore une heure d'efforts pour y arriver. Sans sherpa, il est vain d'y penser. Je ne suis pas venu jusque-là pour mourir, je n'ai marché jusqu'ici que pour la beauté d'un rêve... Un trait pur de souffrance me déchire un instant, un brusque désespoir m'éparpille. Tout s'effondre. J'éprouve la tragédie de l'instant. Quatre ans d'efforts, d'abnégation pour devoir abdiquer ici, à quelques dizaines de mètres du but... Le leader parle au nom du bon sens, de la sagesse et je suis bien au-delà de tout ça. Je suis lucide, bien plus que je ne l'ai jamais été. J'ai franchi la ligne jaune de mes limites mais je peux encore aller plus loin. Le risque, oui, la mort, oui, peut-être... Ils ignorent tous qui je suis, moi seul le sais. Si Tenzing fait demi-tour, je le suivrai. Je n'ai pas le choix.

Les yeux rivés sur le sommet, je me relève. J'inspire profondément, je suis là, un et entier, vivant. Je n'ai fait aucune concession, je suis allé au bout de ce qu'il m'était possible de faire. J'ai tout donné, j'ai franchi mes limites. La mort se tient à deux pas de moi, c'est peut-être elle que je regarde droit dans les yeux, au-delà de ce sommet, au-delà de moi-même. Ce n'est donc que cela, c'est donc tout cela. Elle n'a rien d'effrayant, je lui souris, je lui tourne le dos. Il n'est pas temps. Autour de moi, l'immensité des précipices, la beauté ineffable d'un désert de glace... Elle est si belle, cette Terre, vue d'ici. Si belle, si vaste. Nous sommes infiniment petits, dans ce monde de géants. Que fais-tu ? Qu'as-tu à désespérer ainsi ? Mais regarde jusqu'où tu es venu ! Une onde de bonheur m'envahit soudain. Je suis là ! Je remercie Dieu d'avoir cette chance. Merci.

Je suis au sommet. Je contemple le monde en votre nom à tous, vous tous que j'aime.

Tenzing et Phurba me pressent, il faut repartir vite. Nous sommes épuisés et le plus dur reste à faire. Je les comprends mais je ne peux quitter cet endroit comme cela. Je veux une photo, un souvenir... Phurba me tire par le bras, je résiste. Non, encore une fois, non ! Je sors un drapeau de mon sac à dos. Sur le tissu blanc, le visage de mes médecins... Je leur dois cela, je suis venu jusqu'ici grâce à eux. Je retire mon gant droit pour maintenir le fanion bien déployé dans le vent du toit du monde. Je souris face à l'objectif. S'il est une image que je désire conserver de tout cela, c'est celle-là. Le froid mordant me gifle le visage, écorche ma main nue, je respire encore une fois l'Everest. Je m'engage derrière Tenzing, Phurba ferme la marche. Nous faisons demi-tour. Nous rentrons.

Le vide, les précipices, la glace, le froid, le vent, l'épuisement, la souffrance des doigts et des orteils raides... Je ne vois plus rien, je vis un cauchemar. Rentrer en vie, descendre. Ma volonté est tout entière aspirée dans ce mécanisme de survie. Mètre après mètre, nous descendons vers le camp 4. J'aspire au repos relatif d'une tente. J'aimerais m'allonger, boire. Depuis quand n'ai-je pas bu ? Je ne sais pas. Depuis notre départ, oui, c'est ça. *Walk, walk !* Marche, marche... Phurba nous presse, j'avance. Nous devons atteindre le Mushroom Rock avant que nos réserves d'oxygène ne s'épuisent. *Walk, walk !* Mon corps aspire au sommeil. Ce serait tellement plus facile... Mais je veux vivre. Phurba m'aide à visser une nouvelle bouteille d'oxygène sur mon détendeur. Il faut encore se presser, pourtant. Le froid, le vent nous poussent en avant. Tant que nous bougerons, nous vivrons.

Tenzing m'aide à passer d'une corde à l'autre. Sans lui... Oui, sans lui... La radio grésille. Nous apprenons qu'un homme est en train de mourir aujourd'hui, quelque part sur ce chemin. Où ? Mon Dieu. Nous ne pouvons rien pour lui. Il faut descendre. Je ne vois plus rien, je fixe le dos de Tenzing. À quoi bon regarder les morts qui jalonnent notre parcours ? Ils sont morts, nous ne mourrons pas. *Walk, walk !* Marche, marche pour vivre.

Nous marchons depuis dix-sept heures. Nous apercevons enfin le camp 4 à l'horizon. Il semble presque déserté. J'aimerais tellement m'y arrêter... Il n'y a apparemment plus rien ici pour nous, plus de moyens logistiques. Les sherpas s'affairent, ils évacuent le camp, le vent est trop violent. Si je n'étais pas aussi épuisé, un sanglot me briserait la voix. L'effroi, je n'ai pas d'autre terme pour transcrire ce sentiment de désespoir profond. *Walk, walk !* Non, je ne peux pas continuer comme cela. Je dois faire une pause. Tenzing me presse mais je résiste. Une fois encore, c'est non. Nous négocions, j'arrache un moment de repos sous une tente. Allongé, enfin... Je ferme les yeux. *Walk, walk !* Cette demi-heure n'a pas duré plus d'une seconde. Non, nous n'avons pas le choix. Il faut descendre encore, marcher trois heures de plus jusqu'au camp 3. Pentes abruptes, mur de glace, et ces doigts qui ne répondent plus que par influx de douleur pure, de plus en plus pressante...

Dômes orange balayés par des rafales blanches et glacées. Le camp 3... Nous sommes enfin quelque part. Je m'effondre sous une tente, poupée de chiffons dans un abri précaire. Tenzing me retire mes gants, mes chaussures. Mes doigts, mes orteils... Je m'essuie, mes doigts sont raides. Le sherpa disparaît un instant, pour revenir aussitôt avec un réchaud. La glace fond dans la casserole, l'eau se met à bouillir. Je bois la vie dans mon grand bol de thé. Je n'avais rien bu depuis vingt heures, rien avalé depuis notre départ du camp 4 pour l'assaut final, il y a des siècles de cela. Tenzing me tend une soupe avant de me laisser seul. Une soupe et c'est tout... J'ai puisé jusqu'aux dernières ressources de mon corps et je n'ai rien d'autre à manger que ce liquide clair et pauvre en calories. Je ne sais pas où sont les autres. Je reste seul, sans aucun soin médical, sans même un contact radio avec le médecin de l'expédition. J'essaie de me réchauffer dans mon sac de couchage, la toile de tente vibre sous la poussée du vent. J'aimerais dormir mais la souffrance pulse, pénètre chaque cellule de mon corps. Longue est la nuit, douloureuses sont les heures...

Mon cerveau passe en boucle ces dernières vingt heures. J'aimerais une plage blanche de silence et de paix mais la douleur me ramène sans cesse à cette trop longue marche. Les images des dernières heures se mêlent à des réminiscences plus lointaines. Des souvenirs surgissent, disparaissent à peine entr'aperçus. La douleur me retient d'oublier quoi que ce soit. Je suis maintenu en veille forcée, l'insomnie enfonce le clou de mon épuisement. Vais-je pouvoir me remettre debout demain, à l'aube? Il le faut. Camp 2, camp 1, ABC... De là, je serai sans aucun doute évacué *via* la Chine. Je vais être soigné, je vais retrouver la mobilité de mes doigts. Certaines engelures sont réversibles quand elles sont prises à temps. Quelques heures à tenir... Je suis seul, les sherpas dorment ailleurs, quelque part. Sont-ils aussi épuisés que je le suis? Où est Max, mon compagnon de tente? Est-il déjà descendu plus bas?

Si ce n'était cette souffrance, je serais heureux. Aussi étrange que cela puisse paraître... Je suis lucide, je n'ai pas atteint le sommet. Je n'ai pas vaincu l'Everest mais je suis allé aussi haut que les événements me l'ont permis. Je n'ai rien abandonné, j'ai cédé parce que j'y étais contraint. J'aurais pu y aller, j'en suis certain. Pourquoi d'autres ont-ils pensé précisément le contraire? Nous sommes tous restés des inconnus les uns pour les autres, du camp de base à l'assaut final. En deux mois, nous n'avons pas pris la peine de nous connaître. L'Everest est une histoire de solitaires.

Cette nuit, je suis là à souffrir seul, sous ma tente. Il fait froid, la douleur et l'épuisement me taraudent sans répit. Malgré tout, je sais que j'ai eu raison. C'est ici que je devais être, debout au milieu de mon rêve. Je n'ai pas vaincu l'Everest mais l'Everest ne m'a pas vaincu non plus. Je n'ai rien perdu dans cette bataille, bien au contraire, j'ai beaucoup gagné. Face à moi-même, là-haut, au moment d'accepter de renoncer au sommet, j'ai su qui j'étais. On ne ment pas sur l'Everest, on ne se ment pas. Que sommes-nous face à cette immensité?

Enfin, les premières lueurs de l'aube... Comment vais-je pouvoir tenir sur ces pieds-là ? Comment les chausser ? Comment remettre des gants sur mes doigts raides ? Tenzing me tend une tasse de thé. Il faut marcher. Je suis au niveau zéro de tout. « Affaibli » est un mot tellement fade, tellement en dessous de ce que je ressens.

Un pas après l'autre dans les traces de mon sherpa... Concentre-toi, fais attention. Tu dois vivre. Allez, descends... Pente, murs de glace, échelles glissantes, crevasses, cordes. Je suis à plat ventre parfois, à genoux souvent, debout de moins en moins souvent. Je glisse. Je reprends la main. Je descends encore. Camp 2, camp 1, col nord. Nous ne sommes que là. Je dérape sur la neige, je titube, je glisse. *Walk, walk !* J'entends et je fais de mon mieux. Là-bas, deux silhouettes viennent à notre rencontre. Tenzing fait de grands signes du bras droit. Je ne vois pas son sourire ni son soulagement, je les devine. À genoux sur la glace, je tente de récupérer. Deux sherpas s'approchent de moi, me tapent chaleureusement sur l'épaule. Leurs regards affables me sont un baume réconfortant. L'un d'entre eux ouvre son blouson, sort une bouteille de Coca et me la tend. Je le regarde sans comprendre ce qu'il attend de moi. Il me fait signe de boire. Je n'aime pas ces trucs-là, mais au point où j'en suis, ça n'a plus vraiment d'importance. Je vide la bouteille, les sherpas attendent. Incroyable, les bulles me montent au cerveau en quelques secondes.

Mon sang draine immédiatement le sucre jusqu'à mes muscles épuisés. Je peux presque le sentir. Les sherpas me saisissent sous les aisselles, me remettent debout. Je me redresse, je leur fais signe que je peux marcher seul.

Un groupe se détache de l'ABC, je passe en souriant sous les drapeaux de prière. Merci, je suis vivant et debout. Digne. On me touche, des mains me tapotent le dos. Je suis heureux. Ma souffrance n'appartient qu'à moi, à moi seul.

On s'occupe de moi. Antibiotiques et bains d'eau chaude. Mes doigts sont très enflés. Terry coupe mon alliance. C'est donc là tout ce qu'on peut faire pour moi ? Il n'y a rien d'autre que ces quelques soins rudimentaires. Rien. J'espérais des vasodilatateurs, au moins. Pourvu que mes doigts tiennent le coup... Ma peau a changé de couleur, elle commence à noircir. Il faut que je sois évacué de toute urgence vers le camp de base. Mais rien n'est possible apparemment... Je mange un peu. En quarante-huit heures, dont près de quarante d'efforts intenses, je n'ai absorbé pratiquement aucune calorie. Comment ai-je tenu ? Mon corps a lâché prise maintenant, je ne suis plus en mode survie et rien au monde ne pourrait forcer mes pieds à supporter à nouveau le poids de mon corps. Mes orteils sont des poignards qui fouillent sans cesse ma chair. Nuit aussi blanche que les neiges éternelles. Je téléphone chez moi pour rassurer ma famille. Je suis vivant, tout va bien, j'ai quelques gelures. Je suis heureux, je rentre, ne vous inquiétez pas. Que dire d'autre?

Quel jour sommes-nous? Le 17 mai. J'ai vécu tant de choses depuis mon arrivée sur l'Everest! Assis à califourchon sur le dos d'un yack, je serre les dents. Pas de selle, pas d'étriers, une balade charmante, en somme... Des ondes de choc me transpercent des pieds à la tête. Imperturbables, les pénitents se penchent du haut de leurs 50 mètres vers notre étrange équipage. Ils en ont vu d'autres... Pardonnez-moi, chers pénitents, de ne pas apprécier cette fois votre beauté sereine.

Tout le monde plie bagage au camp de base. On se presse autour de moi. Je souris. Que voulez-vous que je dise? Max Chaya, Marc Ingliss, Terry ont vaincu l'Everest. Je suis heureux pour eux, je me réjouis de leur victoire. Marc est dans le même état que moi, les moignons de ses jambes ont gelé. Je le plains infiniment. Pour lui comme pour moi, les heures ralentissent exagérément en bains tièdes, tellement inutiles, il me semble. Mes doigts noircissent inexorablement, heure après heure. Pourquoi l'infirmerie n'est-elle pas équipée de vasodilatateurs? Je suis atterré, aucune évacuation sanitaire n'a été prévue par la Chine. Nous devons attendre le bus prévu pour ramener le groupe du camp de base à Katmandou. On ne changera rien pour moi. Où est l'assistance médicale promise par notre leader?

Quarante-huit heures de bains tièdes salés, deux nuits blanches perlées de souffrance, quarante-huit heures de perdues pour mes doigts... Deux jours de plus. Je reste positif. Je prie, je ne perds pas espoir. Toute colère serait inutile. Je suis vivant, entier, cela seul compte.

Debout, en cercle autour de l'autel de galets gris, nous nous disons tous adieu. Sourire aux lèvres, les yeux humides, nous nous saluons une dernière fois. Je m'incline vers l'autel gris, je me recueille sous les drapeaux de prière. Sagarmatha est une déesse à nulle autre pareille. Merci. Une autre fois...

Après vingt-quatre heures de bus sur les chemins, un 4×4 nous récupère. Nous crapahutons sur de petites routes de montagne sinueuses et boueuses. Le camp de base est loin derrière moi, le Tibet défile derrière les vitres gris et ocre de poussière. Je ne peux me tenir nulle part. Mon corps bringuebale au gré des ornières. Je n'ai plus d'appui, je n'ai que de la souffrance. Je serre les dents, je me tais. Me plaindre n'accélérera pas le temps. Katmandou surgit au bout de ce long dimanche pénible.

Que faire maintenant? Où aller? Mon avion ne décollera que dans trois jours et j'ai besoin de soins d'urgence. L'hôpital de Katmandou a une réputation épouvantable et je n'ai pas franchement envie d'un virus en sus. Un taxi me dépose sur le seuil d'une clinique privée pour étrangers. Trois chambres, dont l'une sera occupée par Marc Ingliss... L'accueil est charmant, on me dorlote, un médecin fait ce qu'il peut avec le peu de moyens dont il dispose. Enfin, on m'injecte les premiers vasodilatateurs. Nous sommes le septième jour et il est probablement trop tard. Mes orteils et mes doigts ont viré au noir parcheminé. Bains de pieds tièdes et salés... Il faut vraiment que je rentre en France de toute urgence. Puisqu'il faut que j'attende deux jours pour partir, j'en profite pour me retaper autant que faire se peut. Prendre une vraie douche chaude est un avant-goût du paradis... Le miroir de la salle de bains me renvoie le visage d'un inconnu, d'un homme plus âgé, plus maigre que moi. Je me retourne, il n'y a personne derrière moi, c'est donc bien moi. Je monte sur une balance. J'ai perdu 12 kilos. Voilà qui fait toute la différence entre mince et maigre... Délabré. Je ne suis pas beau à voir. Je me rase, je me change. Il y a un léger mieux, très léger mais mieux tout de même. Quelques bons repas, quelques jours de repos, un médecin français compétent, et il n'y paraîtra plus. Allongé sur un bon lit, un vrai lit, je mange des fruits. Le temps s'écoule lentement. Je sombre parfois dans des gouttes de sommeil qui explosent à chaque élancement de douleur. Je ne pense à rien, je pense à tant de choses... Je vis et revis l'Everest, sans fin.

Non, je n'ai pas échoué parce que je suis resté debout. Je n'ai pas failli, je n'ai pas dévié de mon but. J'ai déjà vécu cela une fois et je suis sorti grandi de cette bataille perdue, vaincu peut-être mais plus fort, intact assurément. L'abandon d'aujourd'hui me ramène à celui d'hier. Emprisonnés dans l'insomnie, mes neurones sautent d'un sujet à l'autre. La vie d'un homme est si riche et l'attente est interminable… Il faut savoir abandonner à temps, avec noblesse et non par intérêt personnel ou lâcheté. Je l'avais déjà éprouvé avec douleur il y a quelques années. Je m'étais lancé en politique, persuadé, fort naïvement, c'est vrai, que le politique était un homme dont le but premier et fondamental était de se mettre au service de la collectivité. Bref, j'étais persuadé que mon expérience pouvait être utile à ma ville, Antibes. Durant quinze ans, j'avais œuvré dans ce sens. J'avais conduit bon nombre de projets, de campagnes électorales et, grâce à l'efficacité et aux qualités humaines de l'équipe qui m'entourait, j'étais à quelques centaines de voix de gagner la mairie. Malheureusement, les forces de la « politique politicienne » avaient été les plus fortes. Pour mon épouse, pour ma famille, j'avais dû quitter le champ de bataille. J'avais perdu, certes, mais je pouvais me regarder dans un miroir. Ma défaite ne m'avait pas sali, je n'étais même pas écorché. La conscience tranquille, je pouvais tourner la page, commencer une autre vie ailleurs. L'Everest est peut-être né dans les tourments de cette histoire. La blancheur, la pureté, la hauteur pour essuyer toute cette déception…

Katmandou, Doha, Munich, Nice. Vingt heures de vol et, au bout du couloir, des visages familiers, aimés, qui m'espèrent. Je lève une main encapuchonnée de bandages blancs, je souris. Je suis de retour, chez moi, près de ceux que j'aime. J'ai tenu ma promesse. Merci, mon Dieu.

Troisième partie

APRÈS L'EVEREST

La vie est belle.

8

Repartir

– Oui, et alors ?
– Eh bien, le marathon des Sables...
– Quand deviendra-t-il enfin raisonnable ?
– Jamais. Pourquoi le deviendrait-il ? La vie est si belle... Et puis, qu'est-ce que la raison ?

De 2006 à 2007

J'ai abandonné le récit de l'Everest à l'aéroport de Nice car je tenais à ce que ce voyage extraordinaire s'achève sur une note de bonheur. L'intérêt des longues absences, n'est-il pas aussi dans la joie des retrouvailles ? Embrasser ma femme, mes enfants, tenir mon petit-fils Charles dans mes bras, sourire à mes amis, il n'y avait pas de plus beau cadeau. J'avais tenu promesse, je leur revenais vivant et entier. Entier ? Oui, je l'étais encore et je gardais espoir de le rester.

Ce grand retour aurait mérité une belle fête mais les circonstances exigeaient que je sois hospitalisé de toute urgence. Nous avions perdu bien assez de temps.

Chaque heure supplémentaire sans soins appropriés pouvait me coûter très cher. Pensez-vous que l'hôpital de Cannes ait déjà reçu un patient souffrant de gelures graves ? Sur la Côte d'Azur, les brûlures par excès de soleil sont bien plus courantes... L'équipe médicale cannoise avait fait en sorte que l'hôpital soit déjà averti et prêt pour mon arrivée. J'ai débarqué aux urgences sans même avoir pris le temps d'une courte étape à la maison.

J'avais besoin d'être pris en charge par un médecin compétent. On me dirigea vers le service du docteur Bernard Pratte, qui se chargea d'une première évaluation des dégâts. Mes doigts et mes orteils furent désinfectés, pansés. J'avoue que je n'en pouvais plus. J'étais très amaigri et à l'extrême limite de l'épuisement. Je serrais les dents depuis sept jours et je désirais m'en remettre totalement à quelqu'un. J'étais partagé entre deux sensations, l'épuisement de ces deux mois d'effort et le soulagement d'être de retour, entre les mains d'un médecin français.

Dans un premier temps, il s'agissait de traiter la douleur et d'essayer de sauver les parties les moins atteintes de mes doigts et de mes orteils. J'ai cru pendant quelques jours que j'allais garder mes doigts, mon naturel optimiste m'y engageait. Mais le spécialiste mondial des gelures, un médecin réputé de Chamonix, m'annonça le diagnostic : l'absence de soins appropriés durant les sept premiers jours avait condamné mes doigts et mes orteils. Le tout était de gagner quelques millimètres. Je dus donc subir un traitement intensif et douloureux. Injection de vasodilatateurs le plus loin possible vers le bout des doigts et des orteils. Même si la morphine atténuait la souffrance, ce fut dur. J'ai pu rentrer chez moi à la fin de cette semaine-là et j'ai commencé à récupérer. Ce premier matin à la maison fut illuminé par la présence de mon épouse et, étrangement, aussi par deux petites tartines au miel. Savourer ces instants, aussi simples soient-ils, valait bien tout l'or du monde. C'est aussi cela la vie, une suite de petits riens, des joies infimes à déguster minute après minute.

Si vous avez déjà eu l'occasion d'observer des photos de momies égyptiennes débarrassées de leurs bandelettes, vous pouvez avoir une idée assez précise de ce à quoi ressemblaient mes doigts et mes orteils. Noirs et parcheminés. Ils ne semblaient déjà plus appartenir à mon corps tant leur aspect tranchait avec la couleur de mes paumes. Nous ne pouvions plus rien, nous étions allés jusqu'au bout de nos possibilités, l'amputation était désormais inévitable. Trop tarder pouvait engager mon pronostic vital. Je risquais une septicémie. Un regret ? Pas vraiment, plutôt un constat : il aurait suffi de m'injecter un vasodilatateur au camp 4, voire au camp 3, pour ne pas en arriver là...

J'allais donc être amputé d'une ou deux phalanges de neuf doigts et de huit orteils. Je n'ai pas eu peur, je n'étais pas inquiet pour moi. Mais comment mon entourage allait-il le prendre ? Mon petit-fils, mes enfants, et surtout ma femme Josiane... Je souffrais vraiment de ce que je leur imposais là. Sur le plan personnel, cette amputation n'avait aucun impact psychologique, le préjudice esthétique me laissait totalement indifférent. Handicapé ? Je ne le serais pas bien longtemps. Il me faudrait de la persévérance mais je surmonterais. Il était hors de question que je me laisse restreindre dans quelque activité que ce soit. Fidèle à moi-même, j'étais positif et plein d'espoir, vivant donc.

Je me suis réveillé le 15 juin, de belles poupées blanches aux mains et aux pieds. Je ne suis pas redevenu autonome du jour au lendemain. J'ai dû accepter d'être aidé, assisté dans le moindre geste de la vie quotidienne. À aucun moment je ne me suis plaint de quoi que ce soit, ni de la douleur ni de cette dépendance provisoire. Les choses ne m'étaient pas tombées dessus, cette amputation était un risque que j'avais accepté bien avant de commencer l'ascension de l'Everest. Je vivais simplement une des suites possibles de l'aventure, pas la plus agréable, certes. L'amputation était un détail au regard de ce que l'Everest m'avait donné. J'avais appréhendé la mort, je l'avais tutoyée là-haut, touchée du doigt. Grâce à cela, j'avais appris à quel point la vie est belle dans sa simplicité même. Tout le monde est capable de le dire mais peu d'entre nous le ressentent profondément. Au-delà de tout, l'Everest m'avait appris à être humble. Voilà qui n'a pas de prix. Je ne suis qu'un homme, petit et seul, avec sa foi pour unique étendard. Non, l'Everest ne m'a rien pris, Sagarmatha m'a tout offert. J'avais eu raison de m'engager sur cette voie.

Comme j'avais tout calculé, tout accepté d'avance, ma souffrance n'était pas de la même nature que celle que la maladie vous impose. J'ai mis un point d'honneur à la supporter le sourire aux lèvres et avec le maximum de courtoisie. Ma femme a été exceptionnelle. Même si elle a dû, au départ, m'assister dans chaque geste du quotidien, je n'ai jamais eu la sensation de lui peser. Elle ne m'a jamais renvoyé une image négative de cette amputation, elle l'a intégrée rapidement, simplement. Cette acceptation totale et spontanée a beaucoup contribué à mon rétablissement. On guérit moins vite dans un environnement négatif et culpabilisant.

On peut aisément s'installer dans le statut de handicapé. Il suffit de se laisser glisser, de s'abandonner à d'autres volontés que la sienne. On pouvait m'appareiller, me façonner des prothèses... J'ai tout refusé en bloc. Pas de kiné, pas de psy, pas d'ergothérapeute. Je respecte les médecins et je me plie à leurs décisions. Pourtant ce confort, souvent imposé, peut aussi, me semble-t-il, vous faire perdre le contrôle, vous pousser du côté de la passivité plutôt que de l'action. Je ne voulais pas être « moins handicapé », je voulais rendre ce handicap totalement transparent. Dès lors, mon objectif consistait à reconquérir l'état physique et psychologique dans lequel j'étais avant l'Everest. Pour redevenir ce Gérard-là, je n'avais d'autre choix que de m'engager seul sur ce chemin. Résister, agir, persévérer, je ne devais compter que sur mes fondamentaux.

Une semaine de convalescence à l'hôpital, des soins à domicile jusqu'à complète cicatrisation, c'était bien suffisant. Je n'avais jamais aussi bien respiré de ma vie, le ciel n'avait jamais été aussi bleu, jamais ma famille et mes amis ne m'avaient été aussi précieux. Bref, je n'avais besoin que de ma foi pour aller de l'avant. L'Everest m'avait rendu la vie si belle que ce n'étaient pas quelques problèmes mécaniques qui allaient me freiner. Surmonter ces problèmes devint le défi qui me permit de rebondir après l'Everest. C'est un peu étrange de le dire ainsi mais c'est vrai.

Il fallait revenir à 100 % de ma forme physique, malgré la perte de quelques bouts de ma personne. Il fallait « effacer l'ardoise ». La montagne m'était inaccessible pour un temps, malheureusement. Après l'amputation, mes extrémités sont restées extrêmement sensibles au vent et au froid. Monter en altitude revenait à m'exposer de façon irraisonnée. Il fallait donc que je me résigne à abandonner pour un temps ma passion première, la montagne. Je devais apprendre à patienter... Trouver un challenge à la mesure de l'Everest ne fut pas chose aisée, loin de là. Quel que soit le défi, il n'était jamais à la hauteur du toit du monde! Le challenge devait mobiliser des paramètres essentiels: un engagement physique extrême et le plaisir de la découverte. Peu d'épreuves au monde remplissent ces critères. J'avais perdu des morceaux de mon corps par moins 50 degrés, reconquérir mon intégrité physique par plus de 40 me parut tout à fait approprié! Ce fut donc le marathon des Sables. Un défi d'autant plus alléchant que je connaissais très peu le désert. J'avais été amputé le 15 juin 2006, le top départ du 22e marathon des Sables avait lieu le 24 mars 2007 au Maroc. J'avais donc neuf mois pour me remettre à flot. Plus qu'un simple défi, ce fut une croisade. J'avais à faire la preuve de mes convictions: on peut avoir un cancer et escalader l'Everest, on peut perdre des bouts de soi-même et courir 200 kilomètres dans le désert sous un soleil de plomb. Si j'accomplissais cela, je pourrais donner de l'espoir à tous ceux qui souffrent. On peut continuer ses rêves à plus de 60 ans. Rebondir est à la portée de tout le monde. À chacun de choisir ses Everest...

La motivation était d'abord personnelle. J'étais au fond du trou et seul un défi de ce genre pouvait m'en sortir. Plus je plaçais haut le challenge, plus je devais m'investir pour le relever, moins j'allais ruminer des idées noires. J'avais besoin de renouer pleinement et rapidement avec la vie, avec le plaisir. C'était une question de survie. Le marathon des Sables fut mon antidote à la dépression.

Il s'agit d'une course de 221 kilomètres dans le Sahara sud-marocain, à une période où la température avoisine les 40 degrés. L'épreuve se déroule en six étapes, dont la plus longue est de 70,5 kilomètres. Chaque concurrent doit assurer son autonomie alimentaire. Il doit porter un sac à dos avec ses effets personnels et sa nourriture pour toute la durée du raid. Pas question de rogner sur les calories, il faut le nécessaire pour tenir le coup. D'ailleurs, tout est contrôlé avant le départ. Les organisateurs du marathon des Sables peuvent rejeter votre participation au dernier moment si vous n'avez pas le nombre de calories nécessaire. Chaque soir, vous avez le bonheur de vous allonger sous le ciel d'une toile berbère montée par l'intendance de la course. L'eau est fournie au départ de chaque étape et à chaque point de contrôle. La quantité d'eau donnée est la même pour tout le monde. Le marathon des Sables est donc essentiellement une course de gestion. Pendant une semaine, il faut gérer son effort, son alimentation et ses besoins hydriques. C'est une épreuve sportive de haut niveau et la nature des terrains traversés sollicite l'ensemble des capacités physiologiques du coureur. Poussière, chaleur, endurance... C'est tout ce qu'il me fallait pour me motiver.

Une fois l'objectif fixé, je n'avais plus qu'à me préparer. Dans ce cadre, retrouver mon autonomie au quotidien ne devenait plus qu'une étape, la première avant tant d'autres. Une course telle que celle-là requiert une sacrée logistique. Il fallait que je m'investisse dans ce projet, physiquement bien sûr, mais aussi intellectuellement. Les deux se complètent merveilleusement, l'un tire l'autre et inversement. Une fois de plus, je repartais de zéro seul. Me reconstruire, avancer toujours plus loin, toujours plus fort... Avec constance et enthousiasme, Josiane m'apporta son soutien plein et entier et je pus ainsi déjouer toutes les difficultés une à une.

C'est incroyable, ce que notre quotidien peut solliciter nos doigts à tout moment ! Des phalanges vous manquent et tout est démultiplié... Manger seul, s'habiller seul, téléphoner, utiliser un ordinateur, conduire... Une amputation transforme votre quotidien en un long réapprentissage. À nouveau, vous éprouvez la valeur de la répétition. Faire et refaire le même geste jusqu'à ce que vous trouviez le mode opératoire qui vous convient... Dans ce domaine, seule la persévérance peut quelque chose. Quand un geste vous échappe malgré tout, comme boutonner une chemise, il suffit de l'abandonner définitivement et de le remplacer par un substitut. J'ai toujours beaucoup aimé les polos... Le tout est de positiver.

Le regard des autres ? Ah, oui, la première fois, la première sortie, la première confrontation avec le regard d'inconnus... Les gens ont vu, et puis ils ont oublié ce qu'ils ont vu. C'est aussi simple que cela. Si tout cela était transparent pour moi, cela le devenait pour les autres, presque mécaniquement. Le regard des autres glisse sur moi. Ce n'est rien de plus qu'une légère brise sur le dos de mes mains.

Une fois reposé, bien nourri, j'avais une nécessité impérieuse : reprendre mes activités physiques le plus rapidement possible. C'était d'autant plus urgent que mon mollet gauche avait doublé de volume. J'ai passé ce « détail » sous silence, mais ma jambe gauche avait commencé à geler sur l'Everest. Sans les vasodilatateurs de la clinique de Katmandou, sans les soins de l'hôpital de Cannes ensuite, j'aurais peut-être perdu une part plus importante de mon anatomie. Pour l'heure, une phlébite compromettait sérieusement l'irrigation des muscles de ma jambe gauche. Bouffie et rouge cramoisi, celle-ci faisait peine à voir. N'envisager qu'un traitement médical n'était pas suffisant si je voulais préserver mon capital sportif. De plus, je répugnais à avaler je ne sais combien de cachets par jour. Je devais forcer mon corps à s'adapter, à trouver seul le chemin de la guérison dans ce domaine précis. Dans le cas d'une phlébite, il n'y a rien de mieux que le traitement mécanique. Marcher, courir, la pompe devait être activée quotidiennement...

Cette période fut réellement une histoire de réglages dans tous les sens du terme ! Mes pieds avaient été amputés de manière différente. Je n'avais plus d'orteils à gauche mais il m'en restait quelques-uns à droite. Cette différence entraînait un déséquilibre du dos, du bassin. Je risquais de souffrir davantage de tendinites et de maux divers et variés. Mes appuis au sol étaient donc complètement modifiés. Pour pallier cela, j'ai dû recommencer à courir doucement en décomposant le déroulement de chaque pied. Modifier mes appuis, adapter la posture de mon corps en conséquence, ce fut essentiellement une affaire de concentration intellectuelle. Je n'ai pas changé mes chaussures, celles d'avant l'Everest me convenaient parfaitement. Au bout de quelques mois d'efforts parfois douloureux, je courais comme avant, c'est-à-dire normalement. Cerise sur le gâteau, mon mollet se résigna à reprendre sa forme initiale. C'était en soi un véritable miracle !

Le marathon des Sables fut un bonheur, d'un bout à l'autre. Bien sûr, il y eut cette chaleur de plomb assommante, étouffante, ce sable qui s'infiltre partout, ces dunes presque infranchissables, la douleur des muscles, le sac à dos qui blesse les épaules, le dos... Oui, bien sûr, mais il y eut surtout des rencontres inoubliables, des paysages extraordinaires, des couchers de soleil inégalables. Et, par-dessus tout, l'immense satisfaction d'être là, égal à moi-même, un concurrent comme les autres, pas plus, pas moins que les autres... Chaque étape bouclée était une victoire en soi. Le classement général m'importait peu, même si j'allais le consulter, comme tout un chacun, tous les soirs ; l'essentiel était de profiter de tout, à chaque seconde. Moi qui suis plutôt d'un naturel très réservé habituellement, je pris sur moi d'aller à la rencontre de mes compagnons de raid,

Daniel Réart en particulier, un Argentin exceptionnel, devenu un grand ami depuis, de les encourager chaque jour à aller plus loin, plus fort... La vie est si belle. Rien n'est acquis, il faut se battre sans répit et c'est la persévérance qui l'emporte toujours. Mon message tient en si peu de mots ! Quoi qu'il en soit, je tiens à préciser que je compte parmi les rares participants du marathon des Sables à n'avoir eu aucun problème aux pieds. Comme quoi... Et je fus très fier de monter sur le podium, dans ma catégorie.

Puisque la perte de mes orteils ne me gênait plus en rien, je me devais de vérifier que quelques phalanges en moins n'allaient pas m'empêcher de profiter pleinement de ma passion première, la montagne. En d'autres termes, il fallait que j'aille vérifier si je pouvais toujours m'agripper lors d'une ascension, si j'étais toujours capable de monter un bivouac.

À portée de main, j'avais la Corse et ses magnifiques dénivelés. Cette île magnifique est une montagne dans la mer que l'on peut parcourir du nord au sud par un grand chemin de randonnée, le fameux GR 20. Les torrents, les sommets et les cirques qui le rythment en font l'un des plus beaux itinéraires de montagne en Europe, pour une altitude moyenne de 2000 mètres. Certains passages un peu techniques demandent quelques bases d'alpinisme et sollicitent donc les mains. Ce trek prend habituellement une quinzaine de jours de marche. Nous en avions sept ! Je partis donc avec Cyril, un mordu de l'extrême comme moi, il avait l'énergie pour tenir le rythme. Nous en revînmes un peu fatigués mais ravis. C'était validé : j'étais comme avant. Il ne restait plus que le problème du froid à résoudre...

Pour consolider cette forme nouvellement retrouvée et pour la beauté de la chose, je décidai de participer à l'une des plus belles épreuves françaises de grand fond : les 100 kilomètres de Millau. En septembre 2007, j'eus donc la chance de parcourir les 100 kilomètres de bitume les plus prestigieux de France en une seule étape ! Le dos souffre, les pieds en bavent mais les yeux se régalent des rives du Tarn, et du viaduc... Toutefois, cette course est un peu frustrante : elle laisse peu de place aux vraies rencontres. Des courses plus longues, comme le marathon des Sables, ont l'immense avantage des bivouacs d'étape. Quand vous courez, vous ne parlez pas, vous ne communiquez que très peu car l'effort requiert toute votre concentration. Finalement, ce n'est que le soir, autour de la feuille de classement du jour, ou autour d'un bon repas, que vous trouvez l'occasion de bavarder avec les autres coureurs. Les difficultés du jour, l'analyse de l'étape à venir rapprochent les concurrents et créent de véritables opportunités de rencontre.

9

La diagonale des Fous : les métastases et moi...

Il ne fait pas d'excès, il ne boit pas, ne fume pas.
Il fait du sport. Il a le cancer quand même...
Alors, franchement, à quoi bon ?

2007-2008

Et ce cancer ? Je ne l'avais pas oublié, bien sûr. Ma cicatrice sur le ventre me rappelait chaque jour que je n'avais plus qu'un rein et qu'une épée de Damoclès me guettait peut-être quelque part. Je tenais les promesses que j'avais faites à mes médecins de l'Everest, je faisais des prises de sang régulièrement et, tous les deux mois, je prenais rendez-vous avec le docteur Philippe Giacomino pour un scanner. Depuis deux ans, les marqueurs étaient négatifs et l'imagerie médicale ne signalait rien d'anormal. Fort naïvement, je m'étais convaincu que l'altitude de l'Everest avait eu raison des métastases. Anticiper revenait à tourner le dos à la vie.

J'étais en pleine forme, je respirais mieux que jamais, je préparais un nouveau défi. Tout allait donc parfaitement bien.

Et puis, il y eut le jour où... Mon radiologue, le docteur Giacomino, est toujours de corvée dans ces cas-là. Il a l'habitude, avec moi il sait qu'il n'est nul besoin de tourner autour du pot. La vérité simple et nue, celle-là seule peut me permettre de réagir promptement et efficacement. On ne peut pas lutter contre un ennemi dont on ne connaît rien, c'est une évidence. Au même titre que les médecins, je suis acteur de ma guérison, je dois donc avoir accès aux mêmes informations qu'eux.

La tumeur primitive du rein avait eu le temps d'envoyer des métastases à l'assaut d'autres organes de mon corps. Quand une tumeur devient trop grosse et qu'elle ne peut plus s'étendre pour se développer, elle envoie quelques-unes de ses cellules annexer les territoires voisins. L'une de ces éclaireuses avait déjoué toutes les défenses de mon organisme et s'était implantée ailleurs pour créer une tumeur fille. La nouvelle lésion avait eu la mauvaise idée de se loger dans le hile du poumon. Si à chaque prise de sang les marqueurs restaient négatifs, cela signifiait que la métastase avait su ruser en empruntant le réseau lymphatique.

Me voilà donc avec une lésion pulmonaire à quelques semaines du départ de la diagonale des Fous.

La diagonale des Fous est une des courses les plus difficiles au monde. Il s'agit de traverser l'île de la Réunion en diagonale du sud au nord, de franchir trois cirques, d'accumuler un dénivelé positif de 9000 mètres sur 150 kilomètres. Le tout se boucle en une seule étape. La Diagonale, avec des temps limites à certains points de contrôle du parcours, est un sacré raid. Il faut porter son sac à dos et un nécessaire de survie. Les obstacles à affronter ? La déshydratation, l'hypoglycémie, la lassitude, le froid et la solitude... Pour terminer cette course, il faut absolument combiner le plus harmonieusement possible capacités physiques, résistance à l'effort et force mentale. La course est difficile mais magnifique. Courir sur la crête des volcans a quelque chose de magique, et renouer avec de beaux dénivelés ne pouvait que me séduire.

J'étais en train de me préparer pour ce défi quand cette lésion pulmonaire de 6 centimètres fit son apparition. J'étais inscrit, j'avais déjà mis en place toute la logistique du voyage et programmé un stage d'entraînement intensif dans le Mercantour, entre 2000 et 3000 mètres, avec mon compagnon de raid, Cyril.

Être touché au poumon a de quoi effrayer. Pourtant, l'annonce de cette nouvelle tumeur ne m'a pas empêché de dormir. Dans n'importe quelle situation, le mieux est de ne penser qu'aux solutions. J'ai la foi, toujours, en permanence. Certains vous diront que celle-ci confine à l'aveuglement, au déni, à la naïveté peut-être. Peu m'importe car rien, dans ma vie, jusqu'à aujourd'hui, n'a pu la mettre en défaut. Ne penser qu'aux solutions d'un problème n'est en aucun cas se détourner de la réalité de celui-ci. Positiver, espérer ne sont pas les synonymes de dénier, de s'aveugler. Imaginez que vous êtes sur une côte et que vous vous rendez compte soudain que le navire qui passe là-bas, au large, s'en va droit sur les récifs. Nul besoin d'être devin pour imaginer la coque déchirée, l'équipage en détresse. Vous pouvez réagir de deux manières. Vous pouvez vous mettre à hurler de désespoir, vous arracher les cheveux, les pieds cloués au sol et vous condamner à rester le témoin impuissant du drame. Mais vous pouvez aussi mettre en œuvre toute une suite d'actions susceptibles de changer la donne : prévenir les autorités maritimes, mettre en place une logistique de sauvetage en mer, envoyer un hélico... que sais-je encore ? Vous n'éviterez peut-être pas le drame, certes, mais vous pourrez en atténuer très nettement les conséquences. Bref, vous avez cru que vous pouviez faire quelque chose, et vous avez eu raison.

Face à la tumeur fille, j'avais la même conviction : je pouvais agir. Il y a toujours des solutions...

Cette fois encore, j'avais une chance inouïe. Le meilleur traitement pour une lésion à métastase unique est la chirurgie. L'acte chirurgical, quand il est possible, est un geste rapide, efficace. On enlève et on n'en parle plus. En deux semaines, la messe pouvait être dite. L'essentiel consistait à conserver ma capacité respiratoire, mon endurance et ma résistance à l'effort. Je n'étais pas sans savoir que le retrait de cette lésion ne me mettait pas à l'abri d'une autre dissémination. D'autres lésions existaient peut-être déjà au niveau cellulaire... Là encore, ce qui pouvait se produire plus tard, dans six mois ou un an, me laissait de glace. Je n'aime décidément pas les films d'anticipation !

Mon chirurgien, le professeur Jérôme Mouroux, et son équipe du CHU de Nice étaient des professionnels de haut niveau réputés pour leur compétence. Il était donc tout à fait superflu que j'annule ma participation à la diagonale des Fous. Une fois la lésion retirée, il me resterait quatre semaines avant le top départ du raid. Une semaine de convalescence, deux semaines d'entraînement, une semaine de reconnaissance des lieux, tout allait pour le mieux, d'autant plus que le but de l'intervention chirurgicale était d'enlever le ganglion dans lequel s'étaient greffées les cellules cancéreuses, sans toucher aux lobes des poumons.

« Si vous m'opérez à telle date, je serai encore dans les temps pour prendre le départ du grand raid. » Le professeur a juste haussé un sourcil. Il ne m'interdisait donc rien. J'avais un timing serré. J'allais traverser l'île de la Réunion, sur la crête de ses volcans. Si vous vous persuadez d'entrée de jeu qu'il vous faudra six ou neuf mois de repos pour vous remettre de l'opération, alors il vous faudra tout ce temps. Si vous ne vous donnez pas le choix, vous serez debout quelques jours plus tard.

Parce que vous avez un beau voyage prévu, un job qui vous passionne, un exploit à réaliser...

La diagonale des Fous devenait un des paramètres de ma guérison, comme l'avait été l'Everest deux ans auparavant. J'avais une vie à vivre et peu de temps à consacrer au cancer.

Je fus donc opéré. Tout se passa comme prévu et je pus quitter l'hôpital une semaine après. Je n'avais besoin ni de kiné ni d'assistance. J'étais assez grand pour faire tout seul ma rééducation respiratoire qui, dès le lendemain de l'intervention, me parut de toute manière bien négligeable. L'équipe médicale, infirmières et médecins compris, tous très charmants au demeurant, me regardait avec des yeux ronds. Vous allez vraiment faire la diagonale des Fous dans quatre semaines ? Oui, évidemment.

Je n'étais pas fou. Prendre le départ de la Diagonale après avoir été opéré d'une lésion pulmonaire était un défi moins risqué que l'Everest après l'ablation d'un rein. La seule chose qui pouvait m'arriver était de devoir abandonner au milieu de la traversée de l'île. Je ne me sentais pas affaibli, mes chances de franchir la ligne d'arrivée ne me semblaient pas avoir diminué. Je respirais bien, c'était l'essentiel, et mon corps avait profité de cette semaine de convalescence pour se reposer. Seul problème : impossible de porter un sac à dos. La cicatrice de 20 centimètres (la côte sciée) ne supportait pas le frottement d'un sac. Pour contourner ce désagrément, je n'avais d'autre choix que de porter mon sac sur le ventre. C'était assez gênant, car cela modifiait mon centre de gravité et fatiguait davantage mes dorsaux. Je pouvais m'adapter, j'avais passé suffisamment de temps en salle de musculation pour avoir la certitude que ma ceinture abdominale ne me lâcherait pas. Fidèle à ma façon de vivre, je n'ai pas dérogé à la règle : joindre l'agréable à l'effort. L'île de la Réunion méritait bien que nous prenions le temps de l'admirer avant de nous engager dans la course. Dans ce lieu paradisiaque, tout n'est qu'enchantement.

Le raid fut extrêmement difficile. La pluie, la boue se mirent de la partie... Il fallait tenir, résister, et toujours avancer. Pour comble, je glissai sur une racine ruisselante de pluie au soixantième kilomètre, dans la descente vers Cilaos. J'en fus quitte pour une plaie sur le front que mon ami Cyril eut le courage de suturer de nuit dans un fossé plein de boue ! Il réussit même à camoufler la cicatrice dans le creux d'une ride de mon front ! Je mis en jeu tout l'acharnement dont j'étais capable mais j'eus raison de ces 150 kilomètres. Je franchis la ligne d'arrivée dans les temps, épuisé mais heureux. Le tee-shirt que l'on m'offrit en récompense représente l'un des plus beaux trophées que j'aie jamais reçus : un tee-shirt jaune barré d'un magnifique « J'ai survécu ». Je l'avais fait, j'avais plus que survécu, j'avais vécu à fond. À des milliers de kilomètres de là, l'équipe médicale du professeur Jérôme Mouroux avait suivi la Diagonale, m'insufflant sans relâche une énergie formidable. Cette survie, je la leur devais. Merci. Le professeur avait demandé à être prévenu dès la ligne d'arrivée franchie, Josiane se chargea de tenir ma promesse...

L'opération avait entamé mon capital énergie et respiratoire de quelques unités de pourcentage mais comme j'avais abordé celle-ci à 100 % de mon potentiel, je ne pouvais même pas me rendre réellement compte de cette perte.

Tout ce que je fais au quotidien ne me guérit pas, je ne l'ai jamais prétendu. Je ne suis pas un surhomme, je ne suis pas hors norme, je tolère peut-être un peu mieux la douleur que certains, c'est tout. Pourquoi, dans ces conditions puis-je récupérer si vite, au point d'accomplir des épreuves sportives quelques jours après être sorti de l'hôpital ? Il n'y a rien d'extraordinaire là-dedans : un corps sain, une bonne condition physique et un beau projet en tête, voilà le trio qui permet de rester dans la vie.

Entretenez votre corps, nourrissez-le convenablement, faites des projets, rêvez, et vous vivrez intensément, sereinement, quoi qu'il puisse vous arriver. Rien ne peut m'empêcher de mener ma vie telle que je le désire, je ne le permets pas. Le cancer disparaissait de mon existence aussi vite qu'il y apparaissait grâce à la chirurgie. L'avenir ? Qui s'en soucie ? C'est ici et maintenant qu'il faut vivre...

Ce n'est pas parce que l'on a plus de 60 ans qu'il faut se convaincre que l'on a tout fait, tout vu. Non, il y a encore des domaines à découvrir, des sensations à explorer, des univers inédits à arpenter, des gens à rencontrer, des missions à accomplir, des choses à inventer. Au fond, tous mes projets sont allés dans ce sens. Partir là où je ne suis jamais allé, aller à la rencontre de l'inconnu, me surprendre... Je ne peux concevoir mon quotidien autrement. La vie aurait tellement moins de sens si je n'étais pas convaincu qu'elle doit converger vers un nécessaire accomplissement de soi. Plus je vivais intensément, sereinement, plus je me rapprochais de ce but suprême que je m'étais fixé : être pleinement moi-même, avec simplicité et bonheur.

Aussi étrange que cela puisse paraître, continuer à participer à des challenges de l'extrême participe pour moi de cette démarche. Chaque défi répond à cette envie de me surpasser continuellement. Chaque Everest m'apprend une infinité de choses sur moi-même et sur les autres. Certains atteignent le même but dans l'immobilité de la méditation transcendantale, de la contemplation, moi j'ai besoin de découvrir, d'être en mouvement, d'agir, d'amener mon corps à ses limites pour toucher l'essentiel dans la vibration d'une émotion intense. Je ne suis pas un ascète pour autant ! C'est même la raison pour laquelle j'ai besoin de participer à ces courses de l'extrême. Si ces aventures peuvent être parfois le vecteur d'une certaine souffrance, elles sont avant tout de magnifiques occasions de rencontres, de découvertes. Des challengers de tous pays, de tous continents, de toutes générations se retrouvent en ces occasions et il n'y a pas de meilleur moyen de rencontrer l'autre que de partager des instants de si haute intensité. En outre, j'ai toujours choisi mes défis en fonction du milieu qu'ils mettaient en jeu, le désert pour le marathon, les volcans pour la Diagonale. Je ne participe jamais deux fois à un défi que j'ai déjà relevé, car l'exploit ne remplirait plus alors une de mes motivations premières : la découverte. Il ne s'agirait plus que d'améliorer une performance, ce qui m'indiffère, même si bien sûr je ne nie pas apprécier de doubler quelques concurrents à l'occasion. Un sportif sans un minimum de hargne, j'ignore si ce spécimen existe...

Puisque cette tumeur du hile du poumon n'était plus qu'un souvenir, je pouvais me consacrer pleinement à d'autres défis. Il y en eut de superbes et je m'en voudrais de ne pas évoquer ici la Trans'Aq, un des ultra-trails les plus difficiles dans son genre. Cette course a quelques points communs avec le marathon des Sables : l'autosuffisance alimentaire, les bivouacs et le sable. Qu'est-ce que la Trans'Aq ? 220 kilomètres à parcourir en six étapes dont une de nuit, du nord au sud de l'Aquitaine : des forêts splendides, des plages, des dunes de sable redoutables. Traverser l'Aquitaine sur 220 kilomètres en six étapes vous laisse le temps de partager une expérience, une philosophie de la vie. Ce fut une course magnifique, d'autant plus que j'eus la chance de rencontrer des compagnons de raid hors du commun.

10

Cancer : le retour

La vie continue...

2009-2010

Je revenais de la Trans'Aq avec une magnifique idée en tête, rejoindre quelques camarades de défi en Patagonie pour la Patagonia Antarctic Race, un raid de 350 kilomètres en neuf étapes. Un nouvel univers à aborder. La Patagonie est l'une des destinations les plus sauvages et les mieux préservées de la planète. Des glaciers, des parcs sublimes à traverser, à admirer au rythme de mes pas, il n'en fallait pas plus pour mobiliser toute mon attention... La course devait se dérouler pendant la plus belle saison de ces contrées sauvages, en février 2010.

Que les différentes phases de mon cancer aient toujours été résolues par un acte chirurgical ne me dispensait pas des examens de contrôle réguliers. Même si je ne cesse de répéter que le cancer n'influe pas sur ma vie, je ne suis pas inconscient pour autant. En conséquence, je me soumets de bonne grâce aux divers examens. Entre la tumeur du rein et sa fille dans le poumon, j'avais pu profiter de deux ans de paix, je m'attendais donc à un délai du même ordre. C'était compter sans les caprices de dame Nature... Cette fois, les métastases avaient développé une tumeur de 7 centimètres sur la plèvre du poumon. Le geste chirurgical, radical par essence, était rigoureusement impossible. Pour qu'une exérèse puisse être pratiquée en toute sécurité, la tumeur devait sérieusement diminuer de volume. Je fus donc dirigé vers le service du professeur Jean-Marc Ferrero, l'un des meilleurs dans sa spécialité, au centre anticancéreux Antoine Lacassagne de Nice. Je n'avais d'autre choix que de me plier à un traitement chimique du cancer. Mes autres tumeurs n'avaient pris que trois à quatre semaines de mon temps, je devais me résigner désormais à un traitement plus long, donc sans doute plus éprouvant.

J'allais devoir apprendre à vivre avec un traitement anti-angiogénique. Une tumeur cancéreuse crée ses propres vaisseaux sanguins pour pouvoir se développer. Elle peut sécréter une substance, une molécule capable de stimuler les cellules endothéliales qui formeront alors les vaisseaux sanguins tumoraux. L'anti-angiogenèse a pour vocation de bloquer ce processus, de couper l'alimentation de la tumeur, de la forcer à se nécroser petit à petit. Si ce médicament n'est pas une chimiothérapie mais une thérapie ciblée, il n'en a pas moins des effets secondaires équivalents.

Ce traitement a la réputation d'être extrêmement fatigant et peut provoquer divers maux, tous plus réjouissants les uns que les autres. Le protocole était très simple, quatre semaines de traitement, deux semaines sans et un scanner à l'issue des six semaines pour contrôler l'évolution de la tumeur. Quoi qu'on puisse en penser, je suis un patient très obéissant, discipliné de nature. Je me savais capable d'aller jusqu'au bout de ce processus. En somme, ce n'était qu'un nouveau défi à relever, une course de gestion, quatre semaines d'efforts, deux semaines de récupération...

Sur l'Everest, au cours du marathon des Sables, sur les crêtes de la diagonale des Fous, j'ai été fatigué, souvent épuisé, j'ai souffert aussi, j'en ai bavé parfois mais j'ai toujours résisté, persévéré. On peut oublier la douleur, choisir de ne pas l'entendre. Je ne parle pas des grandes souffrances, qui, elles, nécessitent de prendre de la morphine ou tout autre antidouleur. Non, j'évoque ici les désagréments des effets secondaires que l'on peut gérer et supporter au même titre que le sportif acceptera la douleur de ses muscles au travail. Changer ma vie à cause de ce traitement était exclu. Je devais maintenir ma forme physique, atteindre mon objectif avec ou sans. J'allais donc continuer à courir tous les matins, à faire mes trois heures de sport chaque jour, à avaler mon semi-marathon du dimanche, à randonner en montagne. Si je ne changeais pas ces habitudes-là, le cancer n'aurait que très peu de prise sur mon quotidien.

Oui, j'ai eu des nausées, des migraines, des douleurs aiguës sous la plante des pieds et dans les paumes. Oui, comme tout le monde... J'ai fait avec, j'ai refusé de me mettre à genoux. J'ai parfois serré les dents mais j'ai continué à avancer. Mieux, j'ai doublé, triplé mes objectifs pour que tout converge vers la vie et non pas vers ce cancer.

D'abord, il y eut ce livre que vous lisez aujourd'hui. Voilà des mois, des années que j'avais la conviction d'avoir une expérience à partager, un message à délivrer. Mes médecins, mes amis me poussaient à écrire et cette période de traitement fut une opportunité pour me lancer dans ce nouveau projet. À lui seul, ce livre avait de quoi me mobiliser car une telle entreprise demande un réel investissement. Jusqu'au mois de décembre 2009, j'ai pu croire que je partirais pour la Patagonie, mais j'ai dû réviser mon emploi du temps sur ce point. Toutes les six semaines, nous faisions un bilan après le scanner de contrôle. Devions-nous prolonger le traitement ? La tumeur régressait nettement mais pas encore suffisamment. Je ne devais pas compter être libéré de cette thérapie avant le mois d'avril. Partir en février était donc exclu.

Renoncer à ce projet ne fut pas une grosse déception car il n'était plus à la mesure des difficultés que ce troisième cancer me fait vivre. Au fil des semaines, je prenais conscience que le traitement puisait dans mes forces vives. Si je ne réagissais pas immédiatement, mon quotidien risquait de basculer dans la morosité. Seul un projet de grande envergure, un rêve à nul autre pareil, pouvait me détourner de ces instants douloureux, me maintenir dans le flux de la vie. Je n'avais que trop différé mon retour sur l'Everest. Là-haut, j'avais quelque chose à achever, un accomplissement en attente. Je ne me berçais pas d'illusions, le chemin serait dur, peut-être incertain, mais il m'offrait l'opportunité de rebondir...

Avril 2011, camp de base de l'Everest: le rendez-vous était pris. Je l'avais délibérément fixé à l'année suivante car une échéance plus lointaine n'aurait pas eu l'effet mobilisateur escompté. Préparer l'expédition Everest en une année était déjà un exploit en soi, accomplir cela avec le cancer devenait un défi salvateur. Dès lors, je m'inscrivais dans une dynamique sans équivalent, la seule à même d'impulser l'élan dont j'ai besoin.

Dans quelle mesure cet homme ne se met-il pas en danger en poussant toujours autant la machine? N'ajoute-t-il pas de la fatigue à la fatigue? Ces questions sont légitimes. Je ne me suis jamais opposé à l'avis de mes médecins, je leur ai toujours demandé conseil. Chacun d'entre eux a reconnu que mes projets ne compromettaient en rien ma guérison mais me donnaient, au contraire, une vraie opportunité de me rétablir plus rapidement. Je ne crois pas que l'Everest ou la diagonale des Fous aient pu accélérer la dissémination des métastases. Il n'y a pas de relation de cause à effet entre les défis sportifs et le cancer. Le professeur Jean-Marc Ferrero est formel sur ce point : aucune étude n'a jamais prouvé que le stress, ou les émotions fortes, les efforts intenses pouvaient avoir une influence sur le cancer. Je ne me suis pas mis en danger vis-à-vis de ma maladie, peut-être ai-je pris un peu plus de risques de complications postopératoires. Si même nous admettons que je me suis mis en danger une fois ou l'autre, ce n'était jamais que sur le court terme et non pas sur le long terme. Sans l'Everest et toutes les autres pages de mon histoire, la tumeur serait tout de même là, identique, mais moi je n'aurais pas vécu toutes ces aventures magnifiques. Je serais donc perdant sur toute la ligne. Peut-être même ne serais-je plus là aujourd'hui...

Il faut voir cela tout à fait autrement et s'interroger avec un esprit plus ouvert. Aurais-je été capable de traverser si bien les différentes phases de ce cancer sans l'Everest, sans tout ce qui a suivi ? Je ne le crois pas. Chacun des objectifs que je me suis fixés m'a permis d'aller au-delà de tout, m'a donné les ressources d'une résistance, d'un rebond, incroyable. J'ai puisé la force de vivre dans l'action, le mouvement.

Souvent, le matin, le traitement provoque des nausées et des douleurs si vives sous la plante des pieds que vous pourriez être tenté de rester au lit. Si vous n'avez rien à faire, pas de but précis, vous allez ruminer votre douleur qui, dès lors, a toutes les chances de s'accroître. Par contre, si au nom d'un projet qui vous est cher, vous devez vous lever pour vous entraîner, pour aller travailler, accomplir une mission, vous prendrez sur vous, vous poserez le pied au sol. La douleur ne disparaîtra pas comme par magie mais elle passera au second plan. C'est suffisant pour vivre, c'est essentiel pour ne pas avoir peur de demain... Dans ce processus, la magie ne tient qu'à la pensée positive.

Je l'ai souvent répété, tous les projets se valent. Chacun doit inventer le sien, qu'il soit intellectuel, sportif, sentimental, que sais-je encore... Mais il y a toutefois un paramètre qu'il faut garder à l'esprit, un corps sain supporte mieux un traitement médical. Le sport, la diététique ne guérissent pas le cancer, pas plus qu'ils ne le préviennent, je suis bien placé pour le savoir, mais ils favorisent son traitement. La chimiothérapie, les thérapies ciblées sont des traitements à long terme qui génèrent tout un lot d'effets secondaires. La fatigue se lit moins sur un patient en pleine forme et actif. C'est une évidence.

Il n'est jamais trop tard pour bien faire. À partir du moment où vous décidez de vous prendre en charge, tout ira déjà mieux. Vous pouvez être un patient passif qui attend tout de la médecine ou vous pouvez être un acteur de votre traitement.

Le cancer ne doit pas vous éloigner de ce que vous êtes, le cancer ne doit pas vous écarter de votre vie. Cessez de vous réduire à cette maladie, vous n'êtes pas un cancer, vous avez un cancer. La différence est bien nette. Ici, le rôle de l'entourage est prépondérant. Pendant les quelques mois de mon traitement, j'ai noté un phénomène qui m'avait échappé lors des autres épisodes de mon cancer. Certains amis vous téléphonent pour demander de vos nouvelles, mais ils ne savent plus quoi vous dire au téléphone. Il y a des blancs qui durent un peu trop. D'autres n'osent pas vous annoncer qu'Untel est mort des suites d'un cancer. Unetelle ne vous parle plus de ses projets d'avenir, ne s'enquiert plus des vôtres, se cantonne au présent par peur de je ne sais trop quoi. J'ai eu parfois l'impression de n'être plus réduit qu'au cancer. Je reste Gérard Bourrat pourtant, je n'ai pas changé de nom, ni de vie... M'aurait-on rebaptisé M. Cancer sans que je sois au courant ? Je force le trait, mais j'aimerais faire comprendre qu'il n'y a pas pire que de ne plus être traité qu'en malade. Vous voulez m'aider, m'accompagner dans cette épreuve, me soutenir ? Alors parlez-moi de vous, allons nous promener ensemble, partons en week-end, demandez-moi quels sont mes projets. Vivez avec moi ! Si j'ai des nausées, des douleurs, cela ne concerne que moi. Je ne me plains pas, ne me plaignez pas... Je sais que les gens n'ont pas conscience d'agir ainsi, ils pensent faire pour le mieux. Amis, demeurez des amis, juste cela, vous n'avez pas besoin d'être autre chose, soyez vous-même, tels que je vous ai toujours connus. Cela seul suffira à mon bonheur. Ma femme a eu cette intelligence instinctive, elle n'a pas cherché à être autre que celle que j'ai toujours aimée. J'apprécie bien sûr qu'elle prenne soin de mon bonheur comme j'aime préserver le sien mais j'aurais souffert qu'elle se transforme en une infirmière, qu'elle se mette à me materner sous prétexte que j'ai un cancer. Nous vivons ensemble, toujours, cancer ou pas. C'est peut-être la raison pour laquelle nous comprenons tous deux, ensemble, qu'il était temps que nous nous inscrivions dans un nouveau projet Everest. Le « nous » est essentiel ici.

Parler d'une nouvelle expédition vers l'Everest à ce stade pouvait susciter deux types de réaction au premier abord. Ceux qui me connaissaient mal, ou ceux qui n'avaient pas vraiment saisi ce qui me motivait, m'engageraient au repos. Certains y verraient même une forme élégante de suicide. C'est pourquoi, dans un premier temps, je choisis de ne faire part de ce rendez-vous Everest qu'à mes intimes. Ma femme, mes amis, mes médecins crurent immédiatement en ce projet. Ils savaient que la foi qui m'anime chaque jour est de celles qui peuvent faire bouger les montagnes. Surtout, ils comprenaient que j'avais besoin d'être tiré vers le haut, que ce projet générait une dynamique gagnante.

La tumeur, réduite à 1 centimètre, devint opérable en avril 2010. L'intervention chirurgicale allait m'épuiser, je le savais, d'autant plus que j'étais déjà fatigué. J'avais noté, en effet, qu'il m'était de plus en plus difficile de récupérer entre chaque cycle de traitement chimique. J'aurais pu douter alors de mes capacités à tenir mon rendez-vous 2011, ce ne fut pas le cas. Au contraire, j'enclenchai le projet Everest. Avant même d'être hospitalisé, je définis les grandes lignes de l'expédition tout en établissant mes objectifs postopératoires de remise à niveau physique. L'opération et la récupération étaient incluses, de fait, dans ce programme préétabli. Dès lors, je n'ai plus caché mes ambitions. Ceux qui croyaient en moi pouvaient s'engager avec moi dans cette dynamique.

Le 20 avril, le professeur Mouroux enlève la tumeur. Comme celle-ci s'est ramifiée dans un des lobes du poumon droit, il doit procéder à une lobectomie partielle. Contrairement à la première opération, cette seconde intervention a un impact certain sur ma capacité respiratoire. Au lendemain de l'opération, je suis KO, sonné par un épuisement profond. Chacune de mes inspirations requiert un effort. Mes difficultés respiratoires sont immédiatement perceptibles : mon souffle est saccadé, mon débit de parole très haché. Sans doute possible, je suis au fond du trou.

Connaissez-vous la parabole de l'âne, cet équidé ô combien résistant et intelligent ? Un jour, l'âne d'un fermier tomba dans un puits. Comme l'animal gémissait pitoyablement depuis des heures, le fermier se demanda que faire. Il en vint à se convaincre que l'animal était vieux et que, de plus, le puits n'avait plus de raison d'être. Il était donc inutile de tenter de sauver l'âne. Il invita tous ses voisins à venir l'aider. Chacun saisit une pelle afin de combler le puits. Au début, l'âne, réalisant ce qui se produisait, se mit à crier terriblement, puis il se tut, à la stupéfaction de tout le monde. Quelques minutes plus tard, le fermier regarda dans le fond du puits et fut bien étonné... À chaque pelletée de terre qui tombait sur lui, l'âne réagissait aussitôt. Il se secouait pour enlever la terre de son dos et la piétinait sur le sol. Chaque fois que les hommes lui jetaient de la terre et des cailloux, il montait un peu plus haut. Bientôt, chacun fut stupéfait de voir l'âne sortir du puits et se mettre à trotter ! Moralité ? Même au fond du trou, il ne faut pas abandonner, il faut se bouger pour avancer parce qu'il y a toujours une solution.

Fatigué mais poursuivant toujours...

11

Synergie

Mais qu'as-tu à perdre tout ce temps
dans les montagnes ? Pourquoi dilapides-tu
une énergie que tu pourrais mettre
au service de tes semblables ?

Longtemps je n'ai pas su répondre à ces questions. J'avais une conviction que je ne parvenais pas à expliquer clairement. J'étais certain d'être sur le bon chemin mais le dire ne pouvait suffire à convaincre mes interlocuteurs. N'avais-je accompli tout cela que pour moi, pour ma réalisation personnelle, pour mon seul plaisir ? Je pressentais que derrière ces « exploits » se cachait une finalité encore à découvrir.

Il me fallut affronter cette troisième tumeur pour que je comprenne que mon expérience atteindrait sa pleine signification dans le partage, la transmission. À la lumière de ce cancer, et j'utilise sciemment ces mots, tout prenait son sens. Je n'ai pas de leçons à donner mais j'ai bel et bien un témoignage à délivrer. Ce troisième cancer fut en cela une véritable révélation pour moi.

J'ai depuis un nouvel objectif: redonner de l'espoir à ceux qui en manquent, à vous qui me lisez, quelle que soit votre situation présente. Rien de messianique en cela, mais simplement un désir profond d'aider, d'inciter le plus grand nombre à réagir. Il faut que je contribue à remettre en mouvement tous ceux qui se sont immobilisés, pour une raison ou pour une autre. Je ne suis pas présomptueux au point de croire que je peux provoquer une révolution, mais si je peux épauler ne serait-ce qu'un seul d'entre vous, alors j'ai le devoir de le faire.

Mes médecins me font souvent remarquer que je réagis différemment de la plupart de leurs patients face à la maladie. Je récupère mieux et plus vite, je conserve ma joie de vivre sans me laisser affecter par les effets secondaires de la thérapie. Qu'est-ce qui me permet de réagir aussi vite? Qu'ai-je réussi à développer de plus que les autres? Une bonne condition physique sans doute, mais surtout la faculté de m'extraire de la souffrance, de la paralysie par l'action, par la réalisation de mes projets, grâce à un désir de vivre inaliénable. Je souhaite donc vous convaincre que la vie est belle et que nous ne devons pas l'oublier. Le champ de nos possibles reste ouvert, toujours. Projeter, croire, agir, persévérer, tout est là.

Au lendemain de la troisième opération, je suis un homme épuisé, diminué. Comme tous les autres patients, je respire très mal et je dois me résigner à rester alité. Oui, mais mentalement je suis toujours un homme debout. L'essentiel est là. L'esprit rivé sur mon rendez-vous de 2011, je me projette vers l'Everest, j'échafaude mon plan de remise à niveau physique, je passe en revue tout ce que je dois accomplir pour être prêt et je réfléchis aux moyens à mettre en œuvre pour faire partager cette nouvelle aventure. Je ne pars plus seul, je dois emmener le plus de gens possible avec moi, sur le toit du monde. Je suis en marche.

Initier l'élan 2011 fut bien plus simple que je ne le pensais. Mes médecins, que mes projets enthousiasmaient depuis des années déjà, saisirent au vol ce désir d'ouverture que j'exprimais. Trop de patients s'enferment dans une spirale d'angoisse et de défaitisme qui freine leur rétablissement, le compromet parfois. La médecine ne peut pas tout, elle ne peut rien pour celui qui cesse d'avoir envie de vivre. Pourquoi se battre sans raison, quand on n'attend pas grand-chose de l'avenir ? Des hommes, des femmes lâchent prise parce qu'ils ne rêvent plus, parce qu'ils ne savent plus aimer, parce qu'ils pensent qu'il n'y a plus de lendemain pour eux. À partir du jour où on leur annonce leur maladie, ils se persuadent que tout s'arrête là, que leur quotidien va désormais se résumer à ce mot, « cancer ». Ils perdent espoir petit à petit parce qu'ils oublient qu'ils sont des hommes avant d'être des malades. C'est à eux, avant tout, que je souhaite m'adresser.

Mes médecins, convaincus que mon expérience particulière devait être répercutée sur le plan national, me mirent en contact avec la Ligue contre le cancer. Une des grandes missions de la Ligue est de soutenir et d'accompagner ses 800 000 adhérents tout au long de leur maladie en leur insufflant de l'espoir, de l'énergie. Parce que nous avions cette volonté commune d'aider ceux qui sont en souffrance, nous avons très vite établi que nous pouvions conjuguer nos efforts, que l'Everest 2011 pouvait devenir un projet porteur et fédérateur. Pour que nous puissions mettre en place une stratégie de communication plus efficace, la direction de la Ligue me proposa de devenir l'un de leurs ambassadeurs. Dès lors, je m'engageai à mettre tout en œuvre pour que la nouvelle expédition Everest devienne un fort message d'espoir. Pour mes médecins, pour la Ligue, pour moi, les objectifs du rendez-vous 2011, cette expédition que nous avions baptisé « Cancer Survivant », étaient clairs : je devais essayer de monter aussi haut que possible pour redonner espoir à tous ceux qui suivraient l'aventure, pour leur démontrer qu'il suffit de croire et de s'inscrire dans une dynamique positive pour renouer avec la vie. Le défi était facile à relever pour moi, puisqu'il ne supposait rien d'autre que de demeurer fidèle à moi-même, à ce que j'ai toujours été, dans la vérité de ma nature profonde.

Ce cancer, nous voulions en faire quelque chose de positif ensemble, en faire le ressort d'une aventure plus riche de possibilités. L'épreuve pouvait nous conduire là où nous n'avions jamais été : au plus profond de nous-mêmes, aux sources de ce qui nous pousse vers la vie. Autour de moi se créait une mobilisation : nous avions tous rendez-vous au camp de base en avril 2011 !

Quand un désir fort rencontre un besoin réel, les choses se font tout naturellement. *Via* l'enthousiasme chaleureux et efficace de la Ligue et celui du député-maire de Cannes, Bernard Brochand, une campagne médiatique se mit en place. Je dus prendre sur moi pour communiquer bien plus que je ne le fais habituellement. Reportages télé, réseaux sociaux, presse, campagne d'affichage, nous faisions le maximum pour que l'aventure Everest trouve un écho national. L'expédition Cancer Survivant naquit ainsi de la foi de tous, de la persévérance de chacun, de la générosité de quelques anonymes.

12

Expédition Cancer Survivant

Aussi haut que possible tous ensemble.

Grâce à l'Everest, j'ai un défi qui va me contraindre à me remettre sur pied. Nous sommes le 21 avril 2010, au lendemain de mon opération, et j'ai très exactement onze mois pour tout préparer. C'est très peu, mais c'est bien ainsi car cette échéance m'impose un rythme soutenu qui n'admet aucun relâchement. Il ne s'agit pas de brûler les étapes, cependant. Sur le plan musculaire, je pars sur de bonnes bases car je n'ai jamais cessé de m'entraîner. Je ne suis peut-être pas aussi affûté que lors de mon premier Everest mais je pourrai toujours remédier à cela en temps voulu. Mon corps oubliera petit à petit les effets secondaires du traitement chimique et l'épuisement inhérent.

Mon entraînement commence tout en bas de l'échelle. Comme n'importe quel patient à l'hôpital, je souffle dans un appareil pour essayer de déplacer une petite bille d'un endroit à l'autre, mais je refuse la kiné respiratoire à ma sortie car je veux me prendre en charge sur ce point. Je ne désire pas chiffrer ce que mon poumon a perdu en termes de volume. Ma capacité respiratoire a-t-elle diminué de 10, 20 %, ou plus encore ? Je ne demande pas de précision et, avec l'accord de mes médecins, je ne me soumets à aucun test de mesure de résistance du souffle. Je n'ai pas besoin de ces renseignements à partir du moment où je ne souhaite pas m'inscrire dans une démarche médicalisée. Je me connais bien et je préfère gérer tout cela uniquement par rapport à mon ressenti. Qui mieux que moi peut évaluer ce qui se passe en moi quand je fais un effort ? Un pas après l'autre, je me remets en action en insistant particulièrement sur des exercices susceptibles de me faire récupérer une capacité respiratoire optimale. L'Everest, particulièrement demandeur dans ce domaine, exige un faisceau de conditions qui me met la barre très haut. Deux heures de brasse chaque jour pour ouvrir la cage thoracique, des dénivelés de plus en plus importants au fil des mois...

Je suis diminué, je ne peux que le constater : à la fin de mes dix mois d'entraînement, j'ai peut-être perdu cinq à dix minutes sur mon parcours de jogging de deux heures. Néanmoins je peux compenser cela par tout ce que j'ai capitalisé durant ces dernières années : une meilleure connaissance de moi-même, de mes ressources physiologiques, et mes 8 761 mètres de l'Everest 2006. Si je n'ai pas la condition physique d'un sportif trentenaire, j'ai le mental d'un athlète de 20 ans et l'expérience de l'âge. L'un dans l'autre, j'y gagne !

Alors oui, j'ai des moments difficiles, des instants douloureux, mais ils n'ont pas de réelle importance tant je suis heureux d'aller un peu plus loin chaque jour. Il y a le plaisir de reconquérir mon territoire quotidien, mètre après mètre, les quatre étages de mon immeuble d'abord, l'Esterel ensuite, la montagne enfin, et la satisfaction intense de gagner progressivement mon ticket pour le toit du monde.

Pour organiser l'expédition, je dois conjuguer les leçons de l'Everest 2006 avec les impératifs du rendez-vous 2011. Ma première expédition était tendue vers le sommet, cela seul comptait, celle de 2011 ne se fera pas dans le même état d'esprit, avec le même objectif, son ambition est bien plus élevée. Je dois amener là-haut un maximum de gens pour qu'ils éprouvent en même temps que moi à quel point la vie vaut la peine d'être vécue. Bien sûr, je veux atteindre ce sommet, inutile de se raconter des histoires, mais je désire avant tout que la conquête de l'Everest devienne, pour vous qui me lisez, le symbole de cet élan vital que nous avons à préserver coûte que coûte, pour lequel nous devons aller jusqu'au bout de nos possibilités. Je voudrais vous donner l'envie irrépressible de quitter votre fauteuil pour profiter de tout ce qui se joue de l'autre côté des vitres qui vous isolent, de tout ce qui bouillonne à l'extérieur et qui n'attend qu'un mouvement de votre part pour vous entraîner.

J'organise donc l'expédition 2011 pour qu'elle puisse répondre efficacement à ce double objectif : sur le toit du monde avec vous. Dès ma sortie de l'hôpital, et pour que la concrétisation de ce projet sur le plan logistique et technique vienne motiver mes efforts physiques quotidiens, je cherche les soutiens qui me seront nécessaires et je mets sur pied l'équipe Cancer Survivant. Pierre Petit accepte très vite de s'inscrire dans ce projet. Caméraman de talent, alpiniste aux compétences confirmées, il se chargera de filmer toute notre aventure, d'envoyer de magnifiques images. Bien qu'il ne puisse pas nous accompagner au Tibet, Bernard Müller assurera le support technique de notre ascension depuis Chamonix. Spécialiste de la montagne, il a plusieurs 8000 mètres à son actif et je respecte infiniment ses analyses et jugements toujours clairvoyants. Sans nul doute, nous aurons besoin de son recul et de son expérience une fois là-haut. Parce que les prévisions météo sont essentielles pour qui veut vaincre le sommet de l'Everest, je choisis de travailler avec le meilleur routeur météo de haute montagne, un prévisionniste de Météo France dont la précision est reconnue sur le plan international, Yann Giezendanner. J'ai totalement confiance en lui, nous ne sommes pas les premiers alpinistes qu'il guidera ! Pierre Petit et moi serons en liaison permanente avec nos équipiers de Chamonix *via* une liaison satellite qui nous permettra aussi d'envoyer en temps réel des nouvelles de notre progression à *Libé Voyage*, qui nous ouvre les pages de ses carnets sur Internet pour que nous puissions communiquer avec tous ceux qui voudront nous suivre. Une société, à Katmandou, m'aide à recruter les trois derniers membres de notre équipe, les trois sherpas qui nous accompagneront de Katmandou au sommet. Avec le soutien de nos équipes de Chamonix et de Katmandou, nous réglons les détails de notre logistique et de notre intendance. Ensuite, il ne s'agit plus que d'affiner les choses : faire l'inventaire du nécessaire, expédier notre matériel, prévoir les menus plaisirs qui faciliteront notre quotidien...

Début mars, nous sommes prêts. Je suis au maximum de ce que je peux attendre de ma condition physique. La face nord de l'Everest m'attend, ma foi veillera à combler ce qui sépare mon maximum de l'optimum.

Parce que l'Everest est là...
Parce que nous sommes là...

Toutes mes aventures commencent par un rituel : l'incident de dernière minute. Faut-il voir un signe dans cette curieuse répétition, un dernier test, qui vient éprouver ma conviction ? Comme j'ai un peu d'eau dans le poumon droit depuis trois mois, le professeur Ferrero suggère un scanner de contrôle deux semaines avant le départ afin de vérifier que la situation n'a pas évolué. Cette eau ne me dérange pas, son volume est constant, mais l'examen révèle un autre problème : l'artère du poumon droit est bouchée. Philippe Giacomino, mon radiologue, diagnostique une embolie pulmonaire.

La situation est difficile à admettre car je ne ressens rien de particulier. J'intègre en urgence le service du professeur Mouroux, le soir même, le vendredi 19 mars. Je reste optimiste. Je sais que, comme en 2006, rien ne peut s'interposer entre moi et l'Everest. Je subis toute une batterie de tests, dont un électrocardiogramme sous le contrôle du professeur Ferrari, un éminent cardiologue du CHU de Nice, sportif de haut niveau qui comprend parfaitement ma situation. Il mobilise tous les moyens possibles pour établir rapidement un diagnostic et conclut, dès le dimanche soir, que l'expédition n'est pas compromise et que je peux partir avec un traitement spécifique : un vasodilatateur à prendre quotidiennement pour fluidifier le sang. C'est plutôt un avantage pour qui part affronter des températures et une altitude extrêmes. Grâce à ce vasodilatateur, je devrais respirer mieux tout en ayant moins froid aux mains !

Que s'est-il passé dans mon poumon ? Des séquelles de la dernière opération ? Je dois me résigner à laisser cette question en suspens. L'aventure est par essence une succession d'aléas contre lesquels il est impossible de se prémunir et auxquels il faut s'adapter.

Le lundi 4 avril, le départ enfin ! Ma femme et moi sommes très émus, pas seulement parce que nous nous quittons pour quelques semaines, cela, nous l'avons déjà vécu, mais surtout parce que nous prenons conscience du bonheur simple d'être là, fidèles à ce rendez-vous que nous nous étions donné il y a un an, au plus fort de nos difficultés. Cette première victoire me paraît déjà si belle que j'ai peine à concevoir ce vers quoi je m'avance. L'avion décolle, j'emporte avec moi des messages pour Sagarmatha et tous les drapeaux que l'on m'a confiés, celui de la Ligue contre le cancer, celui de la ville de Cannes, celui de mes médecins, de l'hôpital de Cannes. Ils sont là pour me dire que je ne pars pas seul cette fois. Vous êtes avec moi, vous ne me quitterez pas. Merci.

Tout est Katmandou à Katmandou ! Le sourire de nos trois sherpas sur fond de cohue, de circulation, de pollution exotique... Je connais assez bien cette ville mais aujourd'hui tout revêt une intensité particulière. Je suis de retour ! Cette petite phrase s'enroule autour de chaque chose. Un refrain solennel, exaltant aussi. J'essaie de paraître zen alors qu'au fond de moi je suis euphorique. Je suis bien, le voyage ne m'a pas spécialement fatigué. Tous les voyants sont au vert, nos bagages nous attendent à l'hôtel et l'interface de Katmandou a tenu ses engagements. Nous avons vérifié tout le matériel sans relever une seule défaillance. Que demander de plus ? Avant que cette histoire ne vire au conte de fées, les Chinois, toujours aussi chinois, nous ramènent à la réalité. Pour je ne sais quelles obscures raisons administratives, nous devons attendre deux jours de plus que prévu nos visas. Ce retard qui, hier, m'aurait agacé me chiffonne à peine. Je ne ressens plus l'impatience de 2006. Aucune urgence cette fois, je n'ai rien à rattraper, et quand bien même... Il fait presque chaud à Katmandou et il y a tant d'endroits ici que je n'ai pas su regarder avant, tant d'images à rapporter ! Est-ce que tout est beau, idyllique à Katmandou ? Bien sûr que non, mais aujourd'hui même la laideur a une tout autre résonance pour moi. La vie se manifeste partout, dans les bicoques délabrées, dans l'air ambiant saturé d'odeurs inhabituelles, dans le regard des enfants qui jouent avec de pauvres bouts de bois dans les ruelles étroites. Sur les berges de la rivière sacrée Bagmati, les flammes crépitent jusqu'au ciel, des corps brûlent, des âmes s'élèvent, hésitent le temps d'un adieu avant de repartir dans le tourbillon de l'existence. Les cérémonies de crémation, grandioses, émouvantes, font écho à tout ce que ce voyage remue en moi. La vie, la mort, le cycle de toute chose... Debout, les yeux grand ouverts, je participe.

Phurba, Pasang et Finjo, nos trois sherpas, nous rejoignent chaque soir. J'aime les entendre nous raconter leurs ascensions, leurs 8 000 mètres, leurs sommets. Leur palmarès est impressionnant, rassurant aussi. Ils mangent avec un bel appétit tandis que je picore péniblement. J'ai tout fait pour passer au travers mais, malgré toutes mes précautions, j'écope la première sanction de l'Everest : nausées, brûlures d'estomac et troubles intestinaux. Il faudra faire avec le manque d'appétit. Je vais commencer à fondre, c'est un peu tôt à mon goût, d'autant plus que je n'ai malheureusement pas pu prendre de poids avant de partir. Je vais m'adapter, c'est le lot commun de tous les summiters. Pierre en fera aussi les frais un peu plus tard.

Enveloppés par les effluves capiteux de l'encens, envoûtés par les chants des moines, guidés par le rituel des fidèles en prière et le son des gongs, nous tournons autour du stupa de Boudhanath, l'un des plus grands sanctuaires bouddhistes tibétains de Katmandou. Les moulins à prières égrènent leurs *credo* en un flot continu. Sous les yeux de Bouddha, nous nous imprégnons de cette spiritualité et de cette harmonie apaisantes. Portés par les couleurs, les odeurs, la dévotion des moines, l'énergie de ce lieu sacré, nous ne touchons plus terre, presque suspendus hors du temps. Nous nous élevons. Aussi haut que possible... L'Everest aurait-il un sens s'il n'était pas cela avant toute chose, une voie vers la sagesse, la maîtrise de soi ? Nous avons beaucoup à apprendre de nos sherpas, de la montagne, de la vie.

Nous avons quitté Katmandou depuis une dizaine de kilomètres quand notre camion s'immobilise dans une vallée grise, presque sinistre, aussi peu engageante que ces fonctionnaires chinois qui nous guettent à la frontière. Une longue file de sherpanis s'étire d'un côté à l'autre de la frontière, de la Chine au Népal. Ces petites femmes à l'allure frêle ploient sous de lourdes charges. Le dos courbé sous un paquet blanc plus grand qu'elle, une mère serre un enfant endormi contre sa poitrine. Comment font-elles pour supporter de tels fardeaux ? Pourtant, elles déchargent le camion en nous souriant... Tout notre matériel est transbahuté à dos de sherpanis de ce camion à celui qui nous attend du côté chinois.

Les fonctionnaires examinent scrupuleusement chaque ballot pendant que nous attendons avec anxiété qu'ils veuillent bien nous délivrer notre autorisation de passage. Mon cœur s'arrête, un soldat brandit nerveusement un de mes livres. Que se passe-t-il ? Je n'ai pas vérifié les illustrations de cet ouvrage, et voilà qu'une petite photo du dalaï-lama peut remettre notre expédition en question. Cet officier chinois, est-il dans un bon jour ou ai-je su donner les bonnes explications ? Nous ne le saurons jamais, mais nous pouvons entrer au Tibet, c'est tout ce qui compte. Nous en sommes quittes pour un livre confisqué et une belle frayeur.

À flanc de montagne, au gré d'une route qui serpente dans des dégradés bucoliques de vert et de bleu, le mauvais rêve de la frontière chinoise se désagrège peu à peu, se délite en fines poussières qu'un souffle de vent suffit à disperser. Ce qui nous est donné à contempler maintenant est à l'opposé de ce que nous avons vécu hier. Nous avons dormi juste en face de l'hôtel où j'avais été logé lors de mon retour de l'Everest en 2006. Regarder de l'autre côté de la rue, c'était revivre ces heures de souffrance... Mais qu'importe, au regard de mon présent, ce passé ne pèse pas lourd.

Nous roulons à travers de profondes vallées depuis deux jours quand nous entrons enfin, le 11 avril, dans le petit village de Nyalam, gentiment installé à 2800 mètres d'altitude. Le large sourire des Tibétains efface toute trace de fatigue, les sommets enneigés qui nous entourent gomment nos courbatures comme par magie. Je pourrais revenir ici mille fois sans jamais me lasser de ce paysage fabuleux. Je me couche ce soir-là harassé mais heureux, profondément satisfait. Nous venons de faire notre première marche d'approche avec nos trois sherpas. Les premiers pas ont été difficiles, mais il ne m'a fallu que quelques minutes pour accrocher le rythme soutenu de Pasang. Nous avons atteint 3 200 mètres, soit un dénivelé de 400 mètres. Mes poumons, nouvelle version réduite, et mon cœur répondent parfaitement aux efforts soutenus. Je ferme les yeux sur un double constat de bon augure : je vais aussi bien que possible à de telles altitudes, je ne souffre ni plus ni moins que les autres, et nos sherpas sont des hommes compétents, enthousiastes et costauds. Nous sommes prêts pour les 4 300 mètres de Tingri et tout se présente bien pour le sommet.

Nous traversons les plaines tibétaines, parfois un petit village isolé glisse derrière les vitres du 4 × 4. De quoi vivent les gens dans ces immensités balayées par le vent ? À quoi rêvent-ils, qu'espèrent-ils de la vie ? Je n'ai pas de réponse, juste la sensation aiguë que quelque chose d'essentiel se dit dans le claquement coloré des drapeaux de prière.

Test du matériel de communication, marches d'approche, paysages idylliques de carte postale, les heures filent à Tingri, même celles de nos nuits agitées. Avec nos sherpas, nous avons atteint aujourd'hui un sommet à 4670 mètres, le mont Blanc à 200 mètres près!

La dernière journée de notre voyage, qui nous mène de Tingri au camp de base, nous enveloppe d'horizons envoûtants. Les hauts plateaux tibétains s'ouvrent sur la beauté ineffable et majestueuse des plus hauts sommets de la chaîne de l'Himalaya. Soudain, l'Everest est là, dôme blanc et noir sur fond d'azur. Je le revois enfin. Je n'ai pas de mots pour décrire mon émotion. Je pleure, je tremble. L'instant est jaillissement, explosion de joie, de bonheur... Tout cela et bien plus que cela. Parce que l'Everest est là, parce que nous sommes là tous ensemble. Merci.

Ici s'achève le voyage, ici le rêve devient réalité, dans cet enchevêtrement ordonné de tentes colorées. Avril 2011 au camp de base de l'Everest: nous sommes au rendez-vous. Aujourd'hui, je comprends ces exilés qui, de retour après des années d'absence, se mettent à genoux et baisent le sol de leur pays natal. La montagne est là et nous ne la lâcherons plus.

Au fil des jours, la vie s'organise. Nous devons composer avec nos maux quotidiens, qui se sont amplifiés à cette altitude: essoufflement, migraines, nausées. Chacun avance à son rythme, à l'écoute de son corps, nous cherchons nos équilibres. L'adaptation est un subtil dosage entre l'effort et le laisser-faire. Ce matin, vendredi 15 avril, nous partons avec nos trois sherpas en direction du monastère de Rongbuk. Le souffle laborieux, les muscles douloureux, nous progressons lentement. Nous devons tous réapprendre à respirer. Si peu d'oxygène pour de si grandes ambitions... Autour de quelques lampes à beurre allumées pour l'occasion, nous prions ensemble, chrétiens et sherpas bouddhistes. Nous dédions notre recueillement à Sagarmatha. Puisse-t-elle protéger notre expédition... Nous revenons au camp en emportant avec nous les drapeaux de prière bénis que nous ferons voler au vent de l'ABC. Blotti dans mon sac de couchage, je mesure la profondeur de ce que nous venons de vivre. Nous sommes une équipe désormais, soudée, solidaire, volontaire. Je n'ai pas vécu des instants comme celui-là en 2006. Tout est différent. Est-ce vous qui m'offrez la chance de vivre cette toute nouvelle dimension ?

Il est 5 heures, le jour se lève sur ce premier dimanche au camp de base. Le soleil brille déjà, mais il fait encore très froid. Je n'ai pas très bien dormi, mais un peu mieux qu'hier tout de même. L'acclimatation est en cours. Pour activer notre production de globules rouges, nous partons très tôt, avec Pierre et Pasang, à la découverte du glacier du Rongbuk, que nous allons longer pendant trois heures. Qu'il est difficile de respirer ! Suis-je plus essoufflé que mes compagnons ? Je ne crois pas, je n'ai pas l'impression de les ralentir, nous souffrons tous les trois. Assis sur un rocher aussi noir que la neige est blanche, je reprends pied en savourant chaque mètre carré de la beauté de mon Everest. La souffrance recule, se tasse pour un temps infiniment court mais intense. Nous rentrons épuisés et malheureusement aussi peu affamés que si nous sortions de table. J'avale un déjeuner frugal qui ne me fait pas plaisir et me force à engloutir une partie des 4 litres d'eau que je dois absolument boire chaque jour. Tisanes, thés, infusions diverses et variées, on ne sait plus quoi inventer pour faire passer tout ce liquide... À quelques pas du camp, nous saluons Phurba et Finjo qui s'en vont avec les yacks préparer notre arrivée à l'ABC, prévue pour le 22. Les deux sherpas se retournent une dernière fois pour nous sourire avant de s'engager dans une longue marche éprouvante.

Pierre et moi tentons l'impossible pour communiquer avec la France. Rien n'y fait, nous sommes coupés du monde. Attendons d'être à l'ABC, la situation ne peut que s'améliorer. Nous sommes tributaires des communications GSM chinoises et vraisemblablement dans une zone d'ombre satellitaire. Nous essayerons à nouveau une fois à l'ABC, nous n'avons pas le choix.

Aujourd'hui est un jour particulier pour moi, nous sommes le 20 avril. C'est l'anniversaire de mon fils Olivier et voilà un an, jour pour jour, que j'ai été opéré pour la deuxième fois du poumon. Il y a trois cent soixante-cinq jours j'étais allongé dans un lit d'hôpital, sonné, presque anéanti. Debout, face à l'Everest, à l'heure même où je pars vers les 6400 mètres de l'ABC, je ne pense qu'à vous, vous qui êtes peut-être là où j'étais il y a un an. Je vous emmène avec moi, je veux que vous sachiez que demain existe, que la vie vous attend, que la souffrance n'est rien au regard de ce que vous avez à vivre. Debout, nous sommes debout.

Certaines marches sont plus difficiles que d'autres pour des raisons dont nous ignorons tout, la plupart du temps. Je peine dans les traces de Pasang. Laborieuse, je ne sais que dire d'autre à propos de cette journée. Trois pas, je m'arrête pour reprendre mon souffle, trois pas de plus, je fais une nouvelle pause… Le temps s'étire en un effort qui semble ne pas avoir de fin. Pourquoi ai-je tant de peine à respirer ? Il faut ralentir, je dois prendre mon temps, assurer chacune de mes inspirations, expirer jusqu'au bout. Concentration, persévérance, le chemin est si dur parfois. Au-dessus de moi, les toiles de tente du camp intermédiaire claquent enfin. J'ai franchi la barre des 5 800 mètres ! Chacun se réfugie dans son sac de couchage, nous n'échangeons que très peu de mots. Nous avons une seule nuit de repos avant de reprendre notre ascension vers l'ABC, et une obsession : nous enrouler au chaud dans notre sac de couchage. Allongé, il me semble que je respire tout à fait normalement pour une altitude aussi élevée. Je ne ressens rien d'inquiétant, si ce n'est cet épuisement profond. Les difficultés d'aujourd'hui ne sont vraisemblablement que transitoires. J'oscille entre réveils et sommeil agités jusqu'à l'aube. 5 heures du matin, la neige scintille sous le soleil à peine naissant de ce jeudi 21 avril. Un thé brûlant me tire du sommeil. S'équiper, se mettre debout, faire ses premiers pas, toute une épreuve ici, lourde et longue à la fois. Les yacks nous attendent placidement, une quarantaine de kilos de chargement sur le dos. Peut-être leur envions-nous un instant cette apparente placidité... Je vais mieux, beaucoup mieux. Tout est difficile, mais je ne crois pas souffrir plus que de raison. Des heures durant nous progressons sous l'ombre tutélaire des pénitents blancs. Chaque effort coûte, chaque pas se paie, mais les pénitents, merveilles naturelles, nous rendent au centuple ce que nous leur sacrifions. Au fil des heures, notre rythme de marche ralentit et nous pesons de plus en plus lourd. Des hommes aux semelles de plomb à près de 6200 mètres au-dessus du niveau de la mer. Les pénitents ne s'étonnent de rien, ils en ont vu d'autres. Tiens, on ne l'a pas déjà vu, le petit-là, en jaune? Si, si, il était monté à pied avant de redescendre à dos de yack. Eh bien, le revoilà! Et debout encore... Il est bien présomptueux de ma part de penser que l'on m'a reconnu ici. Nous sommes si petits.

Un vent glacial balaie de minuscules tentes aux couleurs vives semées en petits tas informes, taches de peinture sur toile blanche immaculée de froid. Il fait moins 30. Bienvenue à l'ABC. Vous êtes à 6200 mètres. Devant vous, les pentes vertigineuses de l'Everest, ailleurs, tout autour, l'Himalaya dans toute sa splendeur. Où que vous puissiez porter votre regard, tout n'est qu'infinies beautés glacées. Pour l'heure, vos sept heures de marche, votre souffle laborieux, le moindre de vos mouvements, si lourds, si lents, vous parlent d'un sac de couchage aux allures de paradis. Phurba et Finjo nous guident jusqu'à nos appartements, abris de toile vibrant sous les assauts de rafales de plus en plus violentes. Dans la « tente mess », le thé dégage des volutes de fumée brûlantes. Finjo, toujours très attentionné, me tend une collation que je tripote vaguement pour lui faire plaisir.

Il est 17 heures, le soleil a disparu, la nuit et le froid enveloppent nos tentes. Du fond de mon sac de couchage, je n'entends plus que le vent, la toux des uns et des autres, de tous ceux qui sont venus des quatre coins du monde au nom d'un rêve. Je suis à 6 200 mètres et je respire ! Cancer Survivant. La vie est dure, âpre dans ce milieu hostile mais je suis parfaitement heureux au cœur de mon épuisement. Un privilégié sur le toit du monde. Merci à vous, mes médecins, à vous qui m'aimez au point de me soutenir jusque-là, à vous qui me faites le bonheur de me suivre si haut au nom de l'espoir.

Tenir. Endurer. Chacun se construit un quotidien en fonction de son degré d'acclimatation à la haute altitude, au rythme de la montagne. Nous sommes ici pour trois ou quatre semaines, peut-être plus. Si aucun d'entre nous ne rencontre de problème particulier, nous ne redescendrons pas avant l'assaut final. Nous attendrons que Yann, notre routeur météo, nous donne le feu vert pour le sommet. Ce matin, un sherpa d'une autre expédition, victime d'un œdème pulmonaire, a dû redescendre au camp de base... Personne n'est à l'abri. Nous nous plions aux exigences du lieu, l'Everest nous impose une épreuve que nous devons accepter comme une voie possible vers la maîtrise de soi, un chemin zen un peu particulier. Fou ? Atypique assurément, mais je ne vois pas de folie dans cette démarche. Nous devons tous chercher le sens de notre vie, peu importe où au final. Être en recherche, c'est être en vie, renoncer, c'est mourir.

Ce matin, dimanche 24 avril, nos sherpas ont dressé un *chörten*, des pierres plates entassées en un autel improvisé dont chaque interstice est un appel à la prière. Ensemble, nous demandons à la déesse Sagarmatha de nous protéger tous, sherpas, summiters, cuisiniers... À la grâce de Dieu. Finjo et Pasang hissent les grandes guirlandes de drapeaux. Notre ciel tibétain s'égaie de bleu, de blanc, de rouge, de vert et de jaune, une couleur pour chaque élément, le ciel, l'air, le feu, l'eau et la terre. Tout l'univers au-dessus de nos têtes... Le vent emporte les prières écrites sur les pièces de tissu. Entends-nous, Sagarmatha ! Nous nous partageons les offrandes que chacun d'entre nous a apportées pour le *chörten*. Le sourire de nos sherpas est réjouissant, leur gaieté communicative. Je glisse les messages de ma femme, de Fabrice et de Nora entre les pierres de l'autel, la déesse saura les écouter... En quittant l'ABC derrière Pasang ce jour-là, je me rends compte à quel point cette expédition efface tous mes regrets de 2006. Il y avait tant de choses que je n'avais pas eu le temps de vivre, de savourer.

Le vent s'est levé, il neige et il fait un froid glacial. Replié dans mon sac de couchage, je me réchauffe doucement. Hors d'ici tout est gelé, le camp est calme, tout le monde s'est retranché dans la tiédeur miraculeuse de son refuge. Le vent s'engouffre entre les tentes, fait chanter les drapeaux de prière, secoue nos abris en faisant tourbillonner une neige dense, lourde. Le glacier craque, la montagne bouge sous nos corps étendus. Il fait sombre dehors. Quelle heure est-il ? 17 h 30, notre longue nuit commence. Je savoure ces premiers instants de repos, je suis épuisé, comme chaque jour. Nous sommes sortis ce matin pour un dénivelé de quelques centaines de mètres et c'est comme si nous avions déplacé une montagne. Mes muscles palpitent de cette douleur qui se retire doucement mais ne cède jamais tout à fait. J'entends mon cœur battre, mon sang circuler, c'est un chuintement continu. Ici, vous prenez conscience de tout, du travail permanent de votre corps, du moindre rouage de cette machine complexe. Vous écoutez attentivement ce qui ne s'entend pas ailleurs.

Tout va bien. Nous progressons, notre plan d'attaque s'affine. Le repos arrive après ce constat.

La nuit est longue, magnifique parce qu'elle n'appartient qu'à vous. Elle est une suite de mille pensées emboîtées les unes dans les autres, de prières dont la ferveur se nourrit d'un temps qui ne vous est pas compté, de méditations qui s'étirent à l'envi. C'est la jouissance de ce qui n'est qu'à soi, de ce qui se soustrait à la pression de l'instant. Dépouillé du sentiment d'urgence, la moindre parcelle de vous-même s'isole. C'est un peu comme si chacun de vos atomes prenait le temps de briller, indépendamment des autres, pour que vous puissiez le saisir, l'observer. Vous vous endormez un peu, vous vous réveillez avec une nouvelle interrogation à retourner dans tous les sens. Vous revoyez votre vie, vous pensez à ceux que vous aimez, à des gens que vous aviez oubliés, des visages à peine entrevus parfois et que vous n'auriez sans doute jamais revus sans ce retrait que vous impose l'Everest. Vous lisez quelques lignes. Peut-être qu'en ce moment même un soldat chinois parcourt en cachette le livre que l'on vous a confisqué à la frontière... A-t-il arraché la photo du dalaï-lama avant de l'ouvrir ? Vous songez aussi à des petits riens, aux peintres qui travaillent dans votre immeuble à des milliers de kilomètres de votre tente. Vous vous amusez à imaginer ce que font vos enfants, vos petits-enfants. Vous avez été tellement heureux de les embrasser tous à l'aéroport de Paris avant de partir. Vous écoutez Guy Béart, Brel, parfois Bach ou Mozart.

Il faut se lever. Toute cette eau que vous devez boire à longueur de journée... Chercher la lumière, s'extraire de la chaleur, trouver cette fichue bouteille. Le froid vous assaille de toutes parts alors que vous peinez à retrouver votre souffle pour la simple raison que vous vous êtes assis au milieu de la nuit. Se recoucher et attendre que tout se calme en vous pour reprendre le cours de la nuit. La chaleur revient, le sommeil, les pensées, la nécessité de se lever à nouveau. L'aube arrive alors que vous abordez votre cinquième cycle. Les nuits sont courtes, finalement ! Vous n'avez même pas eu le temps de vous ennuyer. La lumière filtre à travers la toile jaune de votre abri, il est 5 heures du matin. Tandis que vous vous enfoncez dans votre sac de couchage, les sherpas s'activent déjà dans le camp.

De 5 à 7 heures du matin, je pense à vous, au message que je vais vous envoyer cet après-midi. C'est si fastidieux d'écrire. Tout se complique singulièrement à cette altitude. À 7 heures, Finjo ouvre ma tente, me salue et me tend un thé brûlant, un peu d'eau chaude pour ma toilette. Il est si prévenant, si attentionné. Pasang et lui se complètent, Pasang, plus jeune et plus fougueux, aime à s'investir dans l'effort physique, le geste technique, Finjo, plus âgé et donc plus apaisé, veille sur moi avec une gentillesse réconfortante.

Mes joues sont rêches, blanches de barbe. Je me suis laissé aller, il faut que je me secoue. Certains summiters ne se lavent pas de toute l'expédition, je les comprends, d'autant que le froid tue les odeurs, c'est bien connu. Chaque geste du quotidien demande ici une somme d'efforts impensable ailleurs. Quitter ou mettre sa combinaison, enfiler ses chaussures, les retirer, se laver, s'asseoir, se lever, manger, tendre la main, écrire, bavarder, vous n'avez pas idée de ce que ces verbes supposent comme efforts, comme difficultés respiratoires, à 6 200 mètres. Je me lave au mieux, je me rase, je suis un homme aussi neuf que possible. Si vous tenez à connaître le moindre détail de cette routine Everest, suivez-moi jusqu'à la « porte » des toilettes de l'ABC. Elles sont à l'extérieur du camp, juste au-dessus de nous. Respirez comme vous le pouvez et grimpez. Vous êtes arrivé. Ne restez pas plié en deux, arc-bouté sur vos genoux, tournez-vous, vous n'en pouvez plus, je le sais, mais redressez-vous. Hé oui, ça valait le coup, hein ? C'est cela, l'Everest, des efforts démesurés pour une beauté sans mesure jusque dans les moindres détails de votre vie. La souffrance s'oublie dans les plaisirs les plus simples, dans chaque petite victoire quotidienne, comme après une longue maladie, exactement de la même manière. C'est cela que m'apprend l'Everest chaque jour que Dieu fait.

La conversation est sérieuse et concentrée autour de la table. Tout en essayant d'avaler le repas que les sherpas viennent de nous apporter, nous planifions minutieusement notre sortie de demain. Nous avons les traits tirés, les yeux cernés. Nous faisons tous face, à des degrés divers, aux maux de l'acclimatation. Migraines, nausées, nous essayons de stabiliser tout cela. Je suis plus essoufflé que les autres, il faut bien l'avouer, mais c'est tout à fait supportable. Demain nous partons pour le col nord, une étape déterminante que tous les summiters espèrent anxieusement, le passeport pour le sommet, 800 mètres de dénivelé, un immense mur de glace à franchir. Pasang nous détaille consciencieusement les difficultés techniques que présente le nouveau parcours installé par les Chinois cette année. On verra bien, nous le franchirons, ce mur, quel qu'il soit. Nous nous séparons pour une heure de repos et un après-midi consacré à la préparation de notre équipement.

Le temps change, les fins de journée sont de plus en plus froides. Je dois prendre particulièrement soin de mes doigts et de mes orteils amputés car ils sont très sensibles. Des picotements intenses me ramènent sans cesse à cette réalité. Revenir entier, sans perdre un seul bout de plus de ma personne, est le second défi de 2011. Bien que j'apprécie beaucoup le docteur Pratte pour son dévouement et ses compétences, j'aimerais autant que notre prochaine rencontre ne soit qu'amicale. Bonnet enfoncé jusqu'aux yeux, duvet zippé jusqu'au menton, j'apaise ma respiration, je vide mon esprit. Je dois dormir...

Jeudi 28 avril, 7 heures du matin. Mes doigts gantés frôlent les pierres de notre autel, aujourd'hui une partie essentielle se joue. Phurba et Pierre sont devant nous, j'accroche les pas de Pasang tandis que Finjo me suit, attentif aux variations de ma cadence. Entre mes deux sherpas, je me sens rassuré, totalement en confiance, nous avons rodé notre trio, exécuté cent fois chaque geste technique. Les Chinois ont voulu un tracé direct, sans concession, droit sur le mur de glace. Nous avalons la déclivité sans ménagement, mordons dans la pente verticale. L'effort est intense, continu. Nous oublions jusqu'à l'idée d'une pause. Un souffle après l'autre sans rupture ni fléchissement du rythme. Le col nord est un trait de souffrance pure. Je sais où je vais, qu'importent ces cinq heures de douleur puisque je les dédie au sommet.

Caméra sur le dos, Pierre grimpe devant moi dans les pas de Pasang, s'arrête un instant pour filmer le mur de glace sous tous les angles, se retourne vers moi pour saisir un instant de ce long effort que le col nord exige de nous tous. Mais comment fait-il pour garder son équilibre dans cette position improbable ? Pour pouvoir se déhancher ainsi, il est fait assurément d'une matière élastique... Je mesure ce que cette caméra lui fait endurer depuis des semaines à l'aune des difficultés que je vis à chaque pas. Chapeau, Pierre.

Je suis enfin en haut du mur de glace ! Pasang me salue d'un bref signe de tête, nous exécutons notre pas de deux technique pendant que Finjo se hisse à notre niveau. Crampons aux pieds, nous remontons le glacier quand soudain une tempête nous balaie d'une rafale implacable. Je ne vois plus rien. Où est Finjo ? J'entends quelqu'un hurler juste derrière moi. Qui crie ? Finjo ? Je ne comprends rien. Pourquoi panique-t-il ? Lui, si calme d'habitude... Une tache de couleur, la main de Finjo accroche un de mes gants. Le vent nous cloue au sol, nous nous lovons dans la neige l'un contre l'autre. Attendre, il n'y a rien d'autre à faire, attendre et réfléchir. Nous sommes trop haut pour faire demi-tour, il faut continuer. Yann n'avait pas prévu cette tempête, elle ne va pas durer. Tant que nous restons là, nous ne sommes pas perdus, couchés dans la neige nous ne dévions pas de notre trajectoire. Pasang est un peu plus haut, à quelques mètres de Pierre. Le vent mollit aussi brutalement qu'il s'était levé. Nous nous relevons péniblement. Positivons, la montagne nous a offert une pause. À sa manière, certes... Alors que nous atteignons la fameuse échelle du camp nord, l'ultime difficulté de cette épreuve, ma respiration se bloque. L'apnée totale, une noyade. Je me fige, mes mains se crispent, mon cerveau fuse en désordre. Calme-toi ! Tu n'es pas en train de mourir, détends-toi. Au plus profond de moi, quelque chose refuse, renâcle avant de s'ouvrir à nouveau enfin. Ma première inspiration ressemble à un râle. Tout va bien, tout va bien. N'y pense plus, concentre-toi sur cette fichue échelle ! Ton poumon droit t'a juste joué un tour. Ce n'est rien. Tu réfléchiras ce soir, au camp 1.

Oui ! Je l'ai eu ! Le camp est là. Everest, je viens de me hisser à ta hauteur ! Je n'ai que la force d'avaler le thé chaud que Pasang nous a préparé avant de me laisser glisser dans mon sac de couchage. Je n'ai pas faim, juste envie de dormir.

Qui espère une bonne nuit à 7 000 mètres d'altitude n'est pas réaliste, même après dix heures d'efforts soutenus. Que s'est-il passé tout à l'heure ? Étais-je en train de faire un œdème pulmonaire ? Ce n'est pas lié à l'altitude puisque je respire beaucoup mieux maintenant.

Étaient-ce les prémices d'ennuis plus importants ? Je ne l'espère pas. Je suis essoufflé et je tousse plus que les autres, mais c'est gérable. Je dois analyser le blocage respiratoire de cet après-midi, comprendre cette situation pour la dépasser. Nous sommes entrés dans la zone de la mort, dans cet espace où toute vie pérenne est impossible. Ce n'est peut-être que cela.

Laissons tout de côté pour l'instant. Je n'ai qu'un présent et je veux vous l'offrir. Ce matin, vous et moi sommes au-dessus du monde. Cette impression est exaltante. La caméra de Pierre fixe tout ce que je ne sais pas vous décrire, le panorama grandiose et bouleversant qui nous chavire le cœur et l'âme. Ce chemin qui me menait jusqu'ici, je l'aurais fait à genoux...

Mais je suis debout et j'écoute Yann qui nous communique de Chamonix ses prévisions météo du jour *via* la liaison satellite que Pierre a réussi à établir. Nous devons changer nos plans, pousser jusqu'au camp 2, au-delà de 7000 mètres, ne serait pas prudent car la météo n'est pas clémente pour les heures qui viennent. Nous décidons de rentrer à l'ABC. Grâce au soutien de Pasang et de Finjo, nous redescendons en quatre heures trente ce que nous avions mis dix heures à monter. Je ne respire pas aussi bien que je l'espérais, je souffre, mais mes difficultés respiratoires n'empirent pas. Je peux tenir, calquer mes pas sur mes inspirations laborieuses, faire de plus longues pauses pour juguler cet essoufflement si nouveau pour moi. Je ne désespère pas, nous arrivons enfin. J'ai du temps pour améliorer cette situation, nous ne partirons à l'assaut du sommet que vers le 15 mai, au plus tôt, et d'ici là nous allons chercher des solutions pour remédier à cela.

« Gérard, tu as vu ? Ton oreille est toute noire. »

Finjo tend la main, me touche l'oreille mais je ne sens rien. Il n'en est pas question ! J'ai promis à ma femme de ne rien laisser de moi cette fois sur les pentes de l'Everest.

Dès notre retour, les efforts de Pierre paient et je peux échanger quelques instants au téléphone avec mes médecins, que je réveille en pleine nuit, les docteurs Atlani et Giacomino et les professeurs Mouroux et Ferrari, membres à part entière de cette expédition Cancer Survivant. Nous définissons quelques tests à effectuer, un faisceau d'explications, un champ de progression envisageable. Je reste dans la course. Comme toutes les équipes présentes à l'ABC, il est temps que nous arrêtions notre plan pour les deux jours à venir. Avec Yann et Bernard, notre conseiller technique, tous deux basés à Chamonix, autant dire presque au niveau de la mer, nous arrêtons un programme. Nous avons le choix entre redescendre au camp de base pour nous refaire une santé avant de remonter ou rester ici, à l'ABC, et continuer à faire le yo-yo entre 6 000 et 7 000 mètres. Si nous mettons de côté mes ennuis respiratoires, qui, je l'espère, ne sont que transitoires, nous sommes tous plutôt en forme. Le mieux est de patienter pour le moment, de nous reposer du mieux que nous pouvons. S'infliger la descente et la remontée entre le camp de base et l'ABC n'aurait aucun sens puisque nous n'en retirerions pas assez de bénéfice au regard de l'effort à fournir.

Bonne nouvelle : alors que je la grattais, mon oreille s'est mise à saigner. Elle a daigné revenir à la vie ! Je voulais bien ressembler à Van Gogh mais à la seule condition d'hériter aussi de son génie. Apparemment, il était plus facile de me rendre une oreille...

Mardi 3 mai. Ma situation respiratoire ne s'améliore pas. Je temporise à l'ABC, à 6200 mètres, mais je ne peux que très difficilement passer la barre des 7000 mètres. Sur une suggestion de mes médecins, je pars ce matin pour le col nord effectuer un test grandeur nature. Quels peuvent être les effets d'un apport d'oxygène sur ma capacité respiratoire ? Nous partons sous la neige, nos pieds s'enfoncent dans un matelas blanc de 30 centimètres. J'ai toujours aimé le crissement sourd des pas dans la poudreuse. Nous progressons très lentement sur la pente qui nous mène au mur de glace. Je ne me presse pas, j'ai envie de profiter de l'instant, de ce cadre idyllique qui n'a pas de prix à mes yeux. J'absorbe la moindre particule de cet univers. Le dos puissant de Pasang monte vers l'horizon, je m'inscris dans ses pas, encouragé par le souffle calme de Finjo. Sur l'Everest, il arrive qu'on ne discerne plus très bien la limite entre la jouissance et la souffrance, les deux se mêlant en une même intensité. Aiguë, troublante, cette sensation désoriente, on flotte un instant, en suspension, hors du temps, avant que la réalité ne vous rappelle à elle dans la difficulté. Qu'est-ce que le bonheur ? Cette seconde qui nous fait marcher des heures.

Au pied du mur de glace, masque à oxygène plaqué sur le visage, je prie pour mener la mission Cancer Survivant aussi haut que possible. J'ai besoin de vous, nous lutterons ensemble. Cette fois, nous restons groupés, les trois sherpas, Pierre et moi. Nous progressons lentement, à mon rythme. J'assure mes pas, je guette chacune de mes respirations. Je me tire vers le haut. Nous sommes aux trois quarts du mur de glace quand je ressens à nouveau cette impression affreuse et douloureuse de noyade. Je m'immobilise aussitôt. Le test s'achève là, sur une conclusion sans appel : un apport d'oxygène ne m'est d'aucun secours. J'ai donc un problème plus personnel, dont il faut trouver la cause.

Nous descendons vers l'ABC, nous avons fait demi-tour. C'est fini pour aujourd'hui. Avec ou sans bouteille d'oxygène, je ne peux monter plus haut pour le moment. La vie est triste parfois, la vie est belle chaque jour.

Je préviens mes médecins que l'oxygène n'a rien changé à mon problème. « Ne prenez pas de risque majeur pour gagner quelques mètres. Revenez. » J'entends leurs conseils, je ne suis pas capable de leur répondre pour l'instant. Je me retire sous ma tente. Au grand désespoir de Finjo, je ne touche pas à l'assiette que le cuisinier a gentiment préparée pour me remonter le moral.

La nuit du 5 au 6 mai, cette nuit-là, je n'ai pas fini de la revivre encore et encore... Il me faudra l'oublier tous les jours.

J'ignore ce qui se passe en moi. Je respire difficilement à l'ABC, très mal à plus de 6500 mètres. Ma situation ne s'améliore pas et j'en ignore les raisons. Je ne peux pas contourner ce problème, cette nuit je dois prendre une décision que je ne peux pas différer car il est temps d'envoyer les sherpas alimenter les camps 2, 3 et 4. Puis-je leur demander de produire un effort si élevé, de prendre autant de risques pour peut-être, au bout du compte, ne pas monter ?

Si tout dépendait de mon organisation, de ma maîtrise, nous pourrions y aller, mais il y a cette inconnue qui nous menace, qui risque de me faire basculer, d'entraîner toute l'équipe dans ma chute. Allez, j'ai encore trois ou quatre chances sur dix d'atteindre le sommet. C'est jouable, au fond. Oui, mais tu es sur le fil du rasoir. Si ton état empire, tu risques de ne plus pouvoir descendre. Que feront-ils alors, Pierre, Finjo, Pasang et Phurba ? Ils ne t'abandonneront pas, tu le sais, ils se mettront en danger pour toi et tu seras responsable de tout ce qu'il leur arrivera, car c'est toi qui diriges cette expédition. S'ils sont ici, c'est pour toi. Et puis, au nom de quoi ferais-tu une chose pareille? Pour le sommet? En 2006 peut-être, aujourd'hui non, car tu n'es pas venu que pour cela. Tu te rappelles? Ton objectif, c'est aller aussi haut que possible avec ceux qui te suivent, vers l'espoir.

Et le sommet? Il va falloir que je redescende sans cette victoire une fois de plus. Je vais décevoir ceux qui ont cru en moi. Je vais revenir à Cannes les mains vides.

Mais tu oublies toutes ces heures de bonheur partagées avec ceux qui t'ont suivi. Jusqu'où es-tu allé? Tu as atteint le col nord, soit 7066 mètres. Et où étais-tu il y a un peu plus d'un an? Dans un lit d'hôpital. Mesure le chemin parcouru, mesure ce que la vie t'a donné et remercie Dieu pour ce que tu as accompli, pour ce que tu n'as pas accompli aussi, car ton rêve reste intact. Puise dans l'inachevé les promesses de demain.

Il est des jours où une décision engage une vie. Nous devons rentrer. Nous sommes tristes et déçus. Personne ne touche au thé qui fume au centre de la table. Le silence règne pendant que je dévide le fil de ce que j'aimerais ne pas avoir à leur dire. Nous allons décevoir ceux qui nous ont suivis pendant toute cette expédition, nous abandonnons alors même que nous avons surmonté ce qu'il y avait de plus dur à vivre, à quelques jours de l'assaut final. Oui, c'est vrai, mais nous devons oublier tout cela parce que nous avons gravi le col nord dans des conditions extrêmes, parce que nous sommes allés bien au-delà de nos espérances, des objectifs que nous osions à peine envisager en avril 2010, parce que nous avons, malgré tout, créé une belle dynamique de vie face à la maladie. Je me tourne vers nos sherpas, nos magnifiques compagnons de route, pour les rassurer. Comme je suis le seul responsable de cet abandon, ils recevront la prime de sommet dans son intégralité. Je leur demande simplement pardon de leur imposer cette année blanche sans sommet. Pasang et Finjo me sourient, et je leur suis infiniment reconnaissant de ce soutien spontané.

Dimanche 8 mai. Le soleil se lève sur les glaciers. Seul, debout dans la lumière de l'aube, je prie, les yeux littéralement submergés par la majesté de l'Everest. Le silence, froid et pur comme le cristal, me rapproche de vous. Je rentre. Je n'ai rien perdu dans cette bataille, j'avais rendez-vous avec moi-même ici et j'ai tenu ma promesse. Je ne me suis pas menti parce qu'on ne ment pas sur l'Everest. Pourtant, je suis sombre tandis que nous tournons nos pas vers le camp de base. Je ne vais pas feindre d'éprouver ce que je ne ressens pas. Ça ne me ressemblerait pas, ce ne serait pas digne de vous. Je dis au revoir à mes chers pénitents. Cette fois, je ne redescends pas bringuebalé comme un vulgaire paquet à dos de yack. C'est déjà cela, c'est déjà énorme. Je suis debout, je souffre mais je marche...

Le soir de notre retour au camp de base, nous apprenons que deux hommes viennent de mourir à l'ABC, un Népalais et un Espagnol.

Du camp de base à Katmandou, il y a eu beaucoup d'au-revoir, que je ne vais pas vous décrire. Mais j'aimerais évoquer un des plus beaux moments de ce voyage de retour. Nous avons passé une soirée formidable à Katmandou chez nos sherpas. Leurs épouses nous ont reçus avec une gentillesse et un bonheur communicatif. Les voir si heureuses de retrouver, avec huit jours d'avance, leurs époux sains et saufs, a littéralement égayé notre départ de Katmandou.

Nous nous sommes quittés avec regret, mais je sais que demain est un autre jour, que demain est un autre rêve qui se met en marche, c'est une promesse que je vous fais.

Épilogue

J'ai mis des années, mais cette fois, Gérard,
j'ai compris pourquoi tu devais passer
tout ce temps en montagne...

Voilà un mois que je suis rentré à Cannes, un mois que je goûte au bonheur simple de vivre aux côtés de ceux que j'aime. Je suis revenu vivant et entier, je peux dormir sur mes deux oreilles, j'ai tenu toutes mes promesses. Les premiers tests médicaux approfondis auxquels je me suis soumis depuis mon retour n'ont révélé aucun problème majeur.

J'avoue que j'ai revécu encore et encore cette nuit du 5 mai. N'y avait-il pas d'autre solution que de renoncer ? N'aurais-je pas dû aller jusqu'au bout envers et contre tout ? J'assumais ma décision mais je ne l'acceptais que difficilement. C'est alors que vous, mes compagnons de voyage, m'avez rendu au centuple le peu que j'avais tenté de vous offrir. Vos messages, votre bonheur de me voir de retour, votre joie d'avoir vécu ce que vous appelliez la victoire de l'expédition Cancer Survivant m'ont aidé à tourner la page de la belle aventure 2011, une des pages du livre Everest, la dernière certes, mais pas l'ultime. Je n'avais rien à regretter. Si je m'étais entêté, j'aurais peut-être vaincu le sommet mais j'aurais arraché ce trophée en dépit de vous, presque contre vous. En faisant demi-tour, nous restions ensemble dans cette dynamique de vie, dans cet élan de tous les possibles. Il n'y a pas de plus belle victoire que celle-là.

En réalité, Sagarmatha m'a offert un cadeau, l'opportunité de revenir vers elle une fois de plus. Elle, vous et moi, nous avons rendez-vous et nous allons nous donner les moyens de conquérir enfin le sommet de l'Everest... Debout, résolument tournés vers l'avenir, nous irons toujours plus fort, toujours plus loin, aussi haut que possible tous ensemble.

Le cancer n'est rien au regard de ce que nous avons à vivre.

Postface

La Ligue contre le cancer est fière de compter Gérard Bourrat parmi ses ambassadeurs.

À travers les extraordinaires défis qu'il a relevés, il contribue à montrer à tous l'importance de l'activité physique dans la lutte contre la maladie.

Nous le remercions d'avoir escaladé le plus beau des Everest : porter au sommet la cause des malades. La motivation sans faille qu'il a montrée dans sa dernière tentative prouve combien l'amour de la vie est capable de repousser les frontières de la maladie.

Gérard Bourrat nous démontre qu'être atteint par un cancer n'indique pas que la vie s'arrête pour laisser place à la souffrance mentale et physique, à la mort. Les défis qu'il s'est lui-même fixés lui ont permis d'aller au-delà de tout, lui ont donné les ressources d'une résistance et d'un rebond incroyables. Il a puisé dans l'action, dans le mouvement, la force de vivre.

Gérard Bourrat est un extraordinaire exemple pour tous les malades atteints par le cancer. Il nous le dit : « Le cancer ne doit pas vous éloigner de ce que vous êtes, le cancer ne doit pas vous éloigner de votre vie. Cessez de vous réduire à cette maladie, vous n'êtes pas un cancer, vous avez le cancer. »

Quelle merveilleuse leçon de vie...

Pr Gilbert Lenoir,
président de la Ligue
nationale contre le cancer

Pr Maurice Schneider,
président de la Ligue
des Alpes-Maritimes

Remerciements

Mes médecins : Dr Atlani, Dr Bernond, Dr Demes, Dr Giacomino.

Le Dr Pratte et le personnel de l'hôpital de Cannes.

Le Pr Mouroux et le Pr Ferrari, le personnel du CHU de Nice.

Le Pr Ferrero et le personnel du centre A. Lacassagne.

Le Dr Masson et le personnel de la clinique de l'Espérance de Mougins.

Le député-maire de Cannes, M. Brochand, les élus et services de la ville de Cannes.

Le conseil général des Alpes-Maritimes (parc du Mercantour).

Le conseil général du Var (massif de l'Esterel).

Table

Mis en pages par DV Arts Graphiques à La Rochelle.
Imprimé en France par CPI Bussière
à Saint-Amand-Montrond (Cher)
N° d'édition : 2149. — N° d'impression : 112180/1.
Dépôt légal : septembre 2011.
ISBN 978-2-7491-2149-9